怀化学院商贸经济研究中心、怀化学院金融学重点建设学科、怀化学院武陵山片区金融经济研究中心、怀化学院投资学教学团队、湖南省"十三五"专业综合改革试点项目　联合资助

企业财务危机机理研究

常立华　◎　著

西南交通大学出版社
·成都·

图书在版编目（ＣＩＰ）数据

企业财务危机机理研究 / 常立华著. —成都：西南交通大学出版社，2018.10
ISBN 978-7-5643-6467-0

Ⅰ.①企… Ⅱ.①常… Ⅲ.①企业管理－财务管理－危机管理－研究 Ⅳ.①F275

中国版本图书馆 CIP 数据核字（2018）第 226530 号

企业财务危机机理研究

常立华　著

责 任 编 辑	孟秀芝
封 面 设 计	墨创文化
出 版 发 行	西南交通大学出版社 （四川省成都市二环路北一段 111 号 西南交通大学创新大厦 21 楼）
发 行 部 电 话	028-87600564　028-87600533
邮 政 编 码	610031
网　　　　址	http://www.xnjdcbs.com
印　　　　刷	成都蓉军广告印务有限责任公司
成 品 尺 寸	170 mm×230 mm
印　　　　张	13.5
字　　　　数	215 千
版　　　　次	2018 年 10 月第 1 版
印　　　　次	2018 年 10 月第 1 次
书　　　　号	ISBN 978-7-5643-6467-0
定　　　　价	75.00 元

前　言

　　由于内部条件的变化和外部环境的变迁，企业的生存与发展始终处于风险之中。随着全球化市场竞争的不断加剧，企业破产与失败在世界范围内正呈结构性增加的态势。在我国自改革开放以来，各种原因造成的财务危机和企业失败、破产频繁发生，造成了大量的职工下岗，严重影响了社会安定和金融稳定。

　　但是目前能够解释企业财务危机成因且具说服力的规范性理论很少，关于财务危机预警问题的各种研究没有一个统一的、被广泛接受的理论依据。究其根源是，目前对企业陷入财务危机的解释还停留在表层上的因素分析、原因归类、过程描述上，没有从企业财务危机形成与演化的微观机理上进行深入的探究。因此，深入研究企业财务危机的机理，具有十分重要的理论和实践意义。

　　本书综合运用了控制论、系统论、非线性复杂科学、管理学、预警管理理论、法学、哲学等多学科知识和系统建模、仿真等工程方法，特别强调了系统科学的思维和方法。本书不基于已有的财务危机相关理论和研究成果，而是从构建企业基本价值流模型入手，采用定性与定量相结合的方法，分析影响企业基本价值流变化的各种价值力的作用点、作用途径、作用大小和传导过程；在此基础上运用系统科学原理探讨企业财务危机的内在机理，以 JX 钢管有限公司为例对财务危机的形成与演变过程进行仿真；最后提炼企业财务危机的一般解释，研究基于财务危机机理的预警管理原理。

　　本书总结的企业财务危机机理为：企业作为一个非线性复杂系统，它无时无刻不承受着企业内外的各种各样的正向、负向价值力的作用，正向力改善企业的财务状况并增强企业的财务鲁棒性，负向力恶化企业的财务状况并削弱企业的财务鲁棒性，这些价值力相互交织、耦合在一起，共同决定了企业的财务状况和发展方向；由于企业的非线性，企业内在地存在财务临界点，在这一点上，企业的财务鲁棒性与企业外界的负向"合力"相等，一旦超过这个点，企业将进入财务危机，并由于正反馈而陷入自我强化的恶性循环中，非实质性大规模重组难以摆脱；企业财务危机不是单向的，其恶化的终极结果是企业破产、清算，但正向价值力（特别是有效的干预措施）能够改变企业财务状况的发展方向，使企业跳出恶性循环而呈现相对可逆的性质，这为企业财务危机的有限可控奠定了基础，当然，这也内在地决定了对企业财务危机的预测不可能完全准确；由于大多数的企业财务危机是慢性财务危机，其根源在于企业自身存在系统缺陷，因此财务危机的预警管理应坚持"内因为重"的原则；同时，由于财务危机的恶性后果及摆脱的艰难，人们对待财务危机应坚持"预防为主"的方针，加强财务危机预警管理。这就是财务危机的多因素耦合观。

本书的主要研究成果包括：① 企业基本价值流模型，包括模型假设、模型结构、数学模型等。企业基本价值流模型系统地描述了企业价值流过程，成为进一步定性和定量研究的基础，为模拟企业价值流过程、预测企业财务危机和支持决策等提供了重要工具。② 企业财务危机的机理，包括企业财务危机的系统模型、各种价值力的传导模型、企业的财务鲁棒性和财务危机发生的临界条件、企业价值流仿真模型和仿真结果。这些研究成果对企业财务预警管理具有指导作用，特别是结合企业参考模型的系统仿真，有可能为企业的战略决策、计划制订、预测预报、风险管理等开辟一条新的道路。③ 财务危机的一般解释，包括成因、特性，以及"多因素耦合"观。④ 基于企业财务危机机理的预警管理原理，包括财务比率对企业财务危机的预测能力、财务危机预警信息的生成与发布、面向企业内部的财务预警管理系统。

本书共分七章，结构安排如下：

第二章为企业基本价值流模型。本章为全书的基础，包括四节内容。第一节总结关于企业模型和建模的基本知识。第二节分析企业基本价值流模型的构建基础：构建目标、基本特征、信息源等。第三节建立生产型企业基本价值流模型。首先提出模型假设，然后给出模型结构图并进行结构说明，包括企业的边界、企业的组成单元、企业的外部环境、正反馈、非线性环节、企业所受的主要价值力、参数一览表，最后推导相关的微分方程和差分方程，分别得到用微分方程组和差分方程组表达的企业基本价值流数学模型。第四节讨论建模的意义和局限性。

第三章为企业财务危机形成与演化的系统分析。本章是全书的理论推导核心，包括四节内容。第一节建立财务危机的系统模型。第二节讨论各种价值力对企业财务危机形成与演化的作用，分别给出传导模型，并讨论了企业财务危机的相对可逆性。第三节讨论企业财务鲁棒性的定义和主要决定因素：资产规模和资产质量、资本结构、融资能力。第四节讨论企业财务危机的临界条件和临界点的三个决定因素：债务契约、社会评判标准、主观因素，以及破产与企业财务危机临界点的关系。

第四章为企业财务危机仿真。本章与第三章同等重要，运用科学研究的第三种方法"仿真"对企业财务危机进行研究。本章包括四节内容。第一节简单总结仿真的基本知识和财务危机仿真的研究状况，包括仿真的定义、仿真的目的和作用、财务危机仿真。第二节以 JX 钢管有限公司为例，采用 MATLAB 的 Simulink 交互式集成仿真平台建立企业财务危机仿真模型。第三节为仿真准备和仿真过程，仿真过程为：首先进行参照系统仿真；其次分别改变原材料价格、产品价格、管理费用、销售费用、原材料消耗、"人工"消耗、销售力度，研究正向、负向作用以及临界点；再次研究综合作用，包括实际市场下的综合作用、常规的财务危机自救措施、"自救 + 有限外援"情况下的效果；最后研究重组的作用，包括实际的大规模重组、力度不足的重组、有效重组的注资额临界值。第四节为结果分析与局限性讨论。

第五章为企业财务危机的一般解释。本章是对前面两章的总结和升华，包括三节内容。第一节强调财务危机的"多因"的观念和究因的复杂性。第二节归纳企业财务危机的基本特性：多因性、正反馈、非线性、累积性、相对可逆、预不准、有限可控、内因为重、预防为主。第三节阐述企业财务危机的"多因素耦合"观。

第六章探讨基于财务危机机理的企业财务危机预警管理。这是本研究的应用和归宿，包括三节内容。针对既有理论上的不足在企业财务危机预警研究方面造成的重要误区或缺陷，本书试图基于财务危机机理，在企业财务危机预警的依据方面，研究财务比率预测能力形成机理，探讨财务比率对财务危机的预测能力及其局限性；在企业财务危机预警信息的性质方面，根据信息利用者的个性化需求和条件，探讨财务危机预警信息精细化生成与发布；在预警管理研究的重点方面，根据"内因为重"和"预防为主"的要求，探讨面向企业内部的财务危机预警管理系统。第一节探讨财务比率对财务危机的预测能力及其局限性，给出财务比率预测能力形成机理模型。第二节讨论财务危机预警信息的性质，提出了财务危机预警信息精细化生成与发布的必要性、基本原则和基本要求。第三节提出财务危机预警研究的重点应转移到企业本身的应用上来，论述面向企业内部的财务危机预警管理系统的构建，包括构建思路、系统结构、模型及原理、技术要点、预控等，以及运行方法，包括网络构建、预算关系导航图和预算期间、警级的设定、系统管理、日常应用、扩展应用等。

第七章是总结与展望，首先是全书总结和主要创新点，然后是研究展望。

当然，本研究只是阶段性的，其中的论点和研究深度有待进一步加强，敬请各位批评指正。

作 者
2018 年 2 月

目　录

第一章　导　论 …………………………………………………… 1

第一节　企业财务危机研究的必要性和意义 ………………… 1

第二节　财务危机概述 …………………………………………… 3

一、财务危机的定义和界定 …………………………… 4

二、财务危机成本 ……………………………………… 6

三、财务危机的成因 …………………………………… 9

四、财务危机的预测 …………………………………… 12

五、财务危机的处置 …………………………………… 16

六、案例研究 …………………………………………… 17

七、其他研究 …………………………………………… 18

八、简　评 ……………………………………………… 19

第三节　财务危机研究的内容和方法 ………………………… 22

一、财务危机研究的相关内容 ………………………… 22

二、财务危机研究的方法和技术路线 ………………… 23

第二章　企业基本价值流模型 ………………………………… 27

第一节　企业模型与建模 ……………………………………… 27

一、企业模型 …………………………………………… 27

二、建　模 ……………………………………………… 28

三、企业基本价值流模型 ……………………………… 30

第二节　企业基本价值流模型的构建基础 …………………… 30

一、企业基本价值流模型的构建目标和基本特征 …… 30

二、生产型企业基本价值流模型的建模信息源 ……… 31

第三节　生产型企业基本价值流模型 ………………………… 37

一、模型假设 …………………………………………… 37

二、模型结构及说明 ⋯⋯⋯⋯⋯⋯⋯⋯⋯⋯⋯⋯⋯⋯⋯⋯ 37

三、数学模型 ⋯⋯⋯⋯⋯⋯⋯⋯⋯⋯⋯⋯⋯⋯⋯⋯⋯⋯⋯ 52

第四节　建模意义和局限性讨论 ⋯⋯⋯⋯⋯⋯⋯⋯⋯⋯⋯⋯⋯ 59

一、建模意义 ⋯⋯⋯⋯⋯⋯⋯⋯⋯⋯⋯⋯⋯⋯⋯⋯⋯⋯⋯ 59

二、局限性 ⋯⋯⋯⋯⋯⋯⋯⋯⋯⋯⋯⋯⋯⋯⋯⋯⋯⋯⋯⋯ 59

第三章　企业财务危机形成与演化的系统分析 ⋯⋯⋯⋯⋯⋯ 61

第一节　企业财务危机的系统模型 ⋯⋯⋯⋯⋯⋯⋯⋯⋯⋯⋯ 61

一、财务危机的定义 ⋯⋯⋯⋯⋯⋯⋯⋯⋯⋯⋯⋯⋯⋯⋯ 61

二、财务危机的一般过程 ⋯⋯⋯⋯⋯⋯⋯⋯⋯⋯⋯⋯⋯ 62

三、财务危机的形成与演化模型 ⋯⋯⋯⋯⋯⋯⋯⋯⋯⋯ 63

第二节　各种价值力的作用机理分析 ⋯⋯⋯⋯⋯⋯⋯⋯⋯⋯ 64

一、负向价值力的传导模型 ⋯⋯⋯⋯⋯⋯⋯⋯⋯⋯⋯⋯ 64

二、正向价值力与财务危机的相对可逆性 ⋯⋯⋯⋯⋯⋯ 73

第三节　企业的财务鲁棒性 ⋯⋯⋯⋯⋯⋯⋯⋯⋯⋯⋯⋯⋯⋯ 76

一、产业资本循环与企业的财务鲁棒性 ⋯⋯⋯⋯⋯⋯⋯ 76

二、财务鲁棒性的决定因素 ⋯⋯⋯⋯⋯⋯⋯⋯⋯⋯⋯⋯ 77

第四节　财务危机的临界条件 ⋯⋯⋯⋯⋯⋯⋯⋯⋯⋯⋯⋯⋯ 79

一、临界点的含义 ⋯⋯⋯⋯⋯⋯⋯⋯⋯⋯⋯⋯⋯⋯⋯⋯ 79

二、临界点的决定因素 ⋯⋯⋯⋯⋯⋯⋯⋯⋯⋯⋯⋯⋯⋯ 81

三、破产与企业财务危机的临界点 ⋯⋯⋯⋯⋯⋯⋯⋯⋯ 85

第四章　企业财务危机仿真 ⋯⋯⋯⋯⋯⋯⋯⋯⋯⋯⋯⋯⋯⋯ 89

第一节　仿真与财务危机仿真 ⋯⋯⋯⋯⋯⋯⋯⋯⋯⋯⋯⋯⋯ 89

一、仿真的定义 ⋯⋯⋯⋯⋯⋯⋯⋯⋯⋯⋯⋯⋯⋯⋯⋯⋯ 89

二、仿真的目的和作用 ⋯⋯⋯⋯⋯⋯⋯⋯⋯⋯⋯⋯⋯⋯ 90

三、财务危机仿真 ⋯⋯⋯⋯⋯⋯⋯⋯⋯⋯⋯⋯⋯⋯⋯⋯ 91

第二节　企业财务危机仿真建模——以 JX 钢管有限公司为例 ⋯ 92

一、企业简介 ⋯⋯⋯⋯⋯⋯⋯⋯⋯⋯⋯⋯⋯⋯⋯⋯⋯⋯ 92

二、本仿真的主要调整参数——企业主要的价值力 ⋯⋯⋯⋯ 93

三、建　模 ⋯⋯⋯⋯⋯⋯⋯⋯⋯⋯⋯⋯⋯⋯⋯⋯⋯⋯⋯ 96

第三节　仿真准备与仿真过程 ⋯⋯⋯⋯⋯⋯⋯⋯⋯⋯⋯⋯ 115

一、系统状态变量的初始值 ⋯⋯⋯⋯⋯⋯⋯⋯⋯⋯⋯⋯ 115

　　二、判断分析 m 文件 ……………………………………… 116
　　三、仿真过程 ……………………………………………… 117
第四节　结果分析与局限性讨论 ………………………………… 139

第五章　企业财务危机的一般解释 …………………………… 144
第一节　企业财务危机的成因 …………………………………… 144
　　一、事物因果联系的复杂性 …………………………………… 144
　　二、企业财务危机的多因性 …………………………………… 145
第二节　企业财务危机的基本特征 ……………………………… 147
　　一、多因性 ………………………………………………… 147
　　二、正反馈 ………………………………………………… 147
　　三、非线性 ………………………………………………… 148
　　四、累积性 ………………………………………………… 149
　　五、相对可逆 ……………………………………………… 150
　　六、预不准 ………………………………………………… 151
　　七、有限可控 ……………………………………………… 152
　　八、内因为重 ……………………………………………… 154
　　九、预防为主 ……………………………………………… 155
第三节　企业财务危机的多因素耦合观 ………………………… 156

第六章　基于财务危机机理的企业财务危机预警管理 ……… 159
第一节　财务比率对财务危机的预测能力 ……………………… 159
　　一、财务比率预测能力的形成机理 …………………………… 159
　　二、财务比率预测能力的局限性 ……………………………… 164
　　三、结　论 ………………………………………………… 168
第二节　企业财务危机预警信息的生成与发布 ………………… 168
　　一、财务危机预警信息的特点 ……………………………… 169
　　二、财务危机预警信息生成与发布的基本原则 …………… 171
　　三、财务危机预警信息生成与发布的基本要求 …………… 173
第三节　面向企业内部的财务危机预警管理系统 ……………… 175
　　一、系统构建原理 ………………………………………… 176
　　二、技术要点 ……………………………………………… 180
　　三、运用方法 ……………………………………………… 182

第七章　研究结论与展望 ·························· 186

　第一节　研究总结与主要创新点 ·················· 186

　　一、研究总结 ······························· 186

　　二、创新点 ·································· 188

　第二节　研究展望 ····························· 189

附　录 ···································· 190

　附录 1　理想情况下销售递增公比 XZL 与促销力度 USR 的
　　　　　数学关系 ··························· 190

　附录 2　供销子系统中的函数模块 ················ 191

　附录 3　purchasescope.m 文件 ··············· 192

　附录 4　pc1.m 文件 ························· 193

　附录 5　生产子系统中的函数 ·················· 194

　附录 6　PricetoCost.m 文件 ················· 195

　附录 7　Pcondition.m 文件 ·················· 196

　附录 8　p1.m 文件 ························· 197

　附录 9　Q2.m 文件 ························· 198

　附录 10　Gains 中的函数模块 ················· 199

参考文献 ·································· 200

第一章 导 论

第一节 企业财务危机研究的必要性和意义

企业，作为一种人工系统和有机体，其生存与发展始终处于各种风险之中。由于内部条件和外部环境的变化，长久来看企业很难避免出现危机乃至失败。特别是在遵循优胜劣汰、适者生存的"丛林法则"的市场经济条件下，企业出现财务危机甚至失败与破产是常见的现象。

Fortune 刊登的有关数据显示：美国中小企业平均寿命不到 7 年，大企业平均寿命不足 40 年，一般的跨国公司平均寿命为 10～12 年。世界 500 强企业的平均寿命是 40～42 年，而 1000 强企业的平均寿命为 30 年。欧洲与日本企业的平均寿命为 12.5 年。1917 年的 Forbes 百强企业，到 1987 年只剩 39 家。1955 年的 Fortune 500 强企业中，目前仍然存在的还不到一半。1957 年的标准普尔（S&P's）500 强企业中，只有 74 家企业到 1997 年仍然存在。麦肯锡企业资料绩效数据库（McKinsey Corporate Performance Database）于 1960 年建立时选择的 1008 家企业，到 1998 年只剩 160 家。随着全球化市场竞争的不断加剧，企业破产与失败正呈现结构性增加的态势。

自改革开放以来，中国经济呈现快速发展的态势，为中国企业的迅猛发展创造了良好的机遇。但由于经济体制转型、产业结构升级、外资企业的进入，以及中国加入世界贸易组织（WTO），中国企业面临的外部环境复杂多变；与此同时，很多企业，特别是国有企业，历史包袱很重、机制不灵、适应能力差。于是，中国企业呈现"其兴也勃，其衰也忽"的现象。据统计，中国大中型企业平均寿命不过 7～15 年，大部分民营企业平均寿命只有 2～3 年，全国的老字号企业已有 60%～70%"寿终正寝"了。2014—2016 年全国法院每年受理的企业破产案件数量分别为 2 031 件、3 568 件、5 665 件，2015 年较 2014 年增长了 75.8%，2016 年比 2015 年上升了 58.8%。可以预见，随着处置"僵尸企业"步伐的加快，今后一段时间内这个数字还将增大。

企业财务危机会对企业本身及其利益相关者产生巨大影响，大量的企业危机也是宏观金融危机的重要微观基础。在我国，各种原因造成的财务危机和企业失败、破产频繁发生，造成了大量的职工下岗，严重影响了社会安定和金融稳定。单是国有企业，截至 2004 年 4 月，全国共安排企业关闭破产项目 3 377 项，核销国有银行呆账和金融资产管理公司债权损失 2 238 亿元，安置破产职工 620 万人，消灭亏损源 1 341 亿元，中央财政累计拨付破产补助资金 493 亿元；从 2004 年 4 月到 2005 年年底，又实施政策性关闭破产项目 281 项；在 2006 年的中央财政预算中，安排了 338 亿元用以推进国有企业政策性关闭破产和中央企业办社会工作的分离。与此同时，我国银行不良资产数额巨大，例如山西候马农商行 2017 年不良贷款率高达 26.28%，而贵阳农商行、河南修武农商行和贵州乌当农商行的二级资本充足率甚至为负，蕴涵着较大的金融风险。国有企业遭受的严重困难和挫折，还在一定程度上动摇了我国社会主义制度的经济基础；上市公司的经营业绩恶化，更是直接损害广大股民的利益、危害社会安定。

目前能够解释财务危机原因且具说服力的规范性理论很少，并且这些理论模型对于企业陷入财务危机的原因及其过程并没有给出明确的解释，使得关于财务危机预警问题的各种研究没有一个统一的、被广泛接受的理论依据。因此，很多实证研究的假设缺乏具有足够说服力的逻辑推理，也就很难从实证上形成对已有理论的支持。比如，财务比率是人们建立企业财务危机预警模型的主要依据，但目前各领域的研究结论并没能系统解释仅用企业的财务比率就可度量企业陷入困境的程度或预测企业遭遇失败的可能性，所有基于财务比率的预测模型缺乏理论上的依据，因为迄今为止尚无一个重要的理论能够说明财务比率在破产前的预测能力；由于理论的不完善性，一般根据不同的理论或相关研究、经验、直觉来选取预测指标，但企业是个非线性复杂系统，而复杂系统会产生"伪信息"，有些似乎强烈相关的因素之间并不存在任何直接的联系。"蝴蝶效应"表明，小得不起眼的原因也会形成惊人的结果，这些都要求重新考虑对经济预测模型中的解释变量的选取，不能仅仅依赖于相关系数的分析，还需要寻求理论上的依据。传统上依赖历史会计数据建立的模式识别类的预警模型，仍缺乏有力的经济或金融管理理论的支撑，以及存在方法上的固有缺陷，致使其难以在公司财务管理中推广应用；而考虑微观与宏观因素之间联系的预警模型仍处在实验室阶段，也未发展到实际应用的程度。

究其根源，目前对企业陷入财务危机的解释还停留在表层上的因素分析、原因归类、过程描述上，没有从企业财务危机形成与演化的微观机理上展开深入的理论探究。这造成对企业财务危机的早期警报和早期控制，即财务危机预警管理存在诸多困难和误区，实证研究也由于缺乏理论指导而陷入"瞎子摸象"的困境。这些误区或缺陷突出表现为：基于财务比率的财务危机预测模型缺乏理论依据，对预警信息的性质缺乏系统认识，预警管理研究的重点错位。因此，系统揭示公司财务危机机理和规律，建立宏观层次要素和企业困境微观层次风险间的联系，以提高模型可信度和解释能力，是应用研究的基础；从理论上而不仅是从实证上分析财务比率对企业破产的预测能力，是学术研究的进一步方向。

本书在总结前人理论和先验知识的基础上，深入研究企业财务危机形成与演化的机理，深刻揭示企业财务危机的形成原因、演化规律，对合理解释财务比率在财务危机前的预测能力及其局限性、指导财务预测模型的构建和企业内部财务危机预警管理系统的建立，具有十分重要的理论和实践意义。

第二节　财务危机概述

对于人们通常谈论的"财务危机"一词，西方一般使用"Financial Distress"。《牛津高阶英汉双解词典》中对"distress"的解释是：① (a) (cause of) great pain, sorrow, suffering, etc 极大的痛苦、悲伤、苦难等 (的缘由)；(b) (suffering cause by) lack of money, food, etc 贫困、困苦等。② state of being in danger or difficulty and repairing help 危难、困境，并无"危机 (crisis)"之意。所以也有中国学者使用"财务困境"一词。本书在文献综述中不区分这两个词。

本节围绕财务危机的相关研究，分为财务危机的定义和界定、财务危机成本、财务危机成因、财务危机的预测、财务危机处置、案例研究、其他研究、简评等八个方面进行综述。

一、财务危机的定义和界定

（一）财务危机的定义

广义的财务危机是一种严重威胁企业的基本结构和价值的经济形势，在这种形势中企业决策集团必须在很短时间内，在极不确定的情况下作出关键性决策。也就是说，财务危机具有威胁性、不确定性、紧迫性。

从经济学角度出发，企业陷入财务危机通常是一个逐步的连续过程，多数学者认为不存在一个明确的分界点将企业分为陷入财务危机和没有陷入财务危机两类，因此国内外专家学者对财务危机有多种不同的定义方法，由此也有不同的判别标准。例如，Beaver（1966）把财务危机定义为破产、拖欠优先股股息、银行透支和债券不能偿付[3]；Odom 和 Sharda（1990）将财务危机定义为：除非对经济实体的经营或结构实行大规模重组，否则就无法解决严重的变现问题[4]。Ross（1995）认为，应从以下四个方面定义财务困境：① 企业失败，即企业清算后仍不能支付债权人的债务；② 法定破产，即企业和债权人向法院申请破产；③ 技术破产，即企业无法按期履行债务合同还本付息；④ 会计破产，即企业账面净资产出现负数，资不抵债[5]。总体而言，财务危机的定性描述大多集中在破产清算或无偿付能力等方面上。

国内暂时没有对"财务危机"给出一个准确的定义，但大多数学者将财务危机定义为一个过程，既包括较轻微的财务困难，也包括极端的破产清算，以及介于两者之间的各种情况。

（二）财务危机的界定

财务危机的界定包括起点界定和终点界定。财务危机的终点又分为财务危机解除和破产清算两种情形。学者们在将破产清算或摆脱危机作为财务危机的终点上意见基本一致，但对于从何时起明确公司陷入财务危机分歧严重。

国外大多数研究将企业根据破产法提出破产申请的行为作为确定企业进入财务危机的标志，它们研究的对象也局限在法定的破产公司。Morris（1997）列出了严重程度依次递减的 12 条企业陷入财务危机的标志：① 债权人申请破产清算，企业自愿申请破产清算，或者被指定接收者完全接收；② 公司股票在交易所被停止交易；③ 被会计师出具对持续经营的保留意见；④ 与债权人发生债务重组；⑤ 债权人寻求资产保全；⑥ 违反债券契约，公司债券评级或信用评级下降，或发生对针对公司财产或董事的诉讼；⑦ 公司进行重组；⑧ 重新指定董事，或者公司聘请公司诊断师对企业进行诊断；⑨ 被接管（但不是所有被接管都预示企业陷入财务困境）；⑩ 公司关闭或出售其部分产业；⑪ 减少或未能分配股利，或者报告损失；⑫ 报告比市场预期或可接受水平低的利润，或者公司股票的相对市场价格出现下降[6]。

　　由于在实际的实证研究中，往往需要用客观的、可以观察到的标志来确定研究样本，因此国外研究人员往往将企业是否申请破产作为企业是否陷入财务困境的标志。但是破产是一个法律行为，除了受经济因素影响，还受政治和其他非市场因素影响；另外，陷入财务危机与企业是否破产并无确定的一一对应关系，在我国这一情况尤为突出。因此，也有学者提出无法明确有效地定义财务危机，而只能根据实证研究的具体内容确定。

　　与国外研究不同，我国学者以破产清算作为界定标志的文献比较少。邢精平、吕长江等是少数以破产来定义财务危机的国内学者。邢精平（2003）从中国人民银行 5 000 户企业景气调查系统中选样，选取了江苏省 1999 年 1 月 1 日至 2002 年 8 月 31 日破产与停产企业作为财务困境企业样本。其中，破产企业指已经向法院立案破产的企业，而停产企业指已经不能继续运营、已停止生产的企业[7]；吕长江和韩慧博（2004）等把"流动比率持续小于 1"定义为财务危机，把"企业资不抵债"定义为破产，并研究了危机企业和破产企业之间的财务状况差异[8]。

　　由于数据收集等方面的原因，国内绝大多数的实证研究将上市公司被特别处理（ST）作为标志。但也有例外，陈凯凡（2005）根据上市公司连续两年的财务状况，把首年发生亏损且于次年出现微利的情况界定为陷入财务危机，并以发生亏损的当年作为陷入财务危机的时点标志[9]。

　　陈凯凡和陈英（2004）对财务危机预测实证研究标志事件选择问题进行了探讨，认为研究者必须首先定义财务危机的标志事件，也就是确定模型以什么标准认为一家企业陷入了财务危机，因为只有当预测模型的标志事件与决策者需要预测的经济事件一致时，模型才能成为决策者的决策辅助工具。比如从债权人的角度来进行财务危机预测，建议使用以下财务危机标志：首年现金流量少于当期到期的债务，其中现金流量定义为经营利润加上非付现费用之和[10]。

（三）财务危机程度划分

从财务危机出现的那一时点起直到公司破产都属于财务危机过程。在这个过程中，财务危机有可能得到缓解甚至摆脱，也有可能加剧恶化。不同程度的财务危机，其症状和表现也是不一样的。国外学者对财务危机程度也有界定，如 Laitinen（1991）将公司财务危机失败分为三个过程：① 慢性失败公司；② 收益失败公司；③ 严重失败公司[11]。Lau（1987）按照财务困境的严重程度将研究样本分为五种状态：状态 0（财务稳定）；状态 1（不发或减少股息支付）；状态 2（技术性失败或违约偿还贷款）；状态 3（受破产法保护）；状态 4（破产或清算）。特定的多状态预测模型比传统的二分法预测模型更具有决策相关性[12]。

在国内，大部分学者采用财务危机企业与非财务危机企业的分类。但也有例外，如赵智繁、王世民和曹倩（2016）将企业财务危机程度划分为"财务稳定企业""财务不稳定企业""财务较危机企业"和"财务危机企业"四个等级[13]。

二、财务危机成本

（一）财务危机成本的定义

"财务危机成本（Financial Distress Cost）"是"破产成本（Bankruptcy Cost）""清偿成本（Liquidation Cost）"等概念的延伸。早期研究中，人们使用的都是"破产成本"的概念，例如 Baxter（1967）[14]、Warner（1977）[15]、Altman（1984）[16]等。自 20 世纪 90 年代以来，相关文献中更多出现的则是"财务危机成本"的概念。这一定程度上与美国市场 20 世纪 80 年代中后期杠杆交易频繁，很多企业因高额债务而陷入财务危机有关。破产毕竟只是财务危机的一种特殊形式。从破产到财务危机，从破产成本到财务危机成本，反映了资本结构理论的发展和演变。在国内，"财务危机成本"更多地被称为"财务困境成本"。殷尹、梁樑和吴成庆（2004）认为，目前国外对财务危机成本的定义，实际上都是局限于财务危机给企业本身或者说股东价值造成的损失。实际上企业债权人和其他利益相关者也会承担成本。因此，按照成本承担者的不同，财务危机成本可以分为三个部分：危机企业承担的成本、债权人的损失和其他利益当事人的损失。他们都认为，财务困境会引起财富转移。一个公司陷入困境，可能会给其他公司带来机会。财务困境成本可能促使企业组织、管理和结构发生变化，使资源向更能产生价值的地方流动等。从社会福利的角度出发，在财务困境成本中，部分成本以财富转移的形式得到补偿[17]。

对财务危机成本的定义有两个不同的角度，一是按事后成本来定义，如"资产重组或债务重组成本即为财务危机成本"；二是按事前成本来定义，财务危机成本是"使资产流动化的成本，包括营业收入和永续经营价值的减少，以及其他非直接成本如研发费用等"。财务危机的影响大部分都在违约之前发生。王今和张俊（2005）区分了预期财务危机成本和实际财务危机成本，并对预期财务危机成本的估算进行了研究，提出了三种估算方法：权衡理论下的预期财务危机成本估算、基于折现现金流的预期财务危机成本估算和基于实物期权的预期财务危机成本估算[18]。

（二）财务困境成本构成和计量

Baxter（1967）将财务困境（破产）成本划分为直接成本和间接成本[14]。直接财务困境成本包括与清偿或重组相关的法律、会计和管理费用；间接财务困境成本则指财务困境对企业经营能力的伤害，包括对企业产品需求的减少，债权人介入导致的管理决策权部分丧失，管理层为解决财务困境所花费的时间和精力等。

首次对财务困境（破产）的间接成本进行计量的是 Altman（1984）[16]。虽然 Altman 的研究较之于以往关于财务困境（破产）成本的估计更为全面、准确，但其研究并未区分不利经济波动（Adverse Economic Shock）的影响。Andrade 和 Kaplan（1998）区分了财务困境和经济困境的不同影响[19]。定量评估财务困境成本的大小是非常困难的，"处于财务困境的企业面临多变的情况，对企业价值和权利人的多重影响，加上请求权利人之间的利益冲突，使得如何估算成为一个信息难题"[20]。

在国内，杨淑娥和魏明（2005）研究了企业财务危机成本形成机理及其间接成本的估量[21]。万水林和张耀辉（2004）分析了影响财务危机成本的产业因素：① 企业规模。企业规模越小，出现危机时面临的困境越严重。② 产品专用性。产品具有专用性相当于消费者在购买这种产品时进行了专用性资产投资，企业要对消费者终身负责，不断给消费者提供售后服务。③ R&D 支出。④ 产业集中度。他们认为，我国企业现在正承受着信用环境受到破坏的成本，同样的财务危机下金融机构夸大财务危机成本，使企业财务危机成本增高，它也在破坏着我国企业的正常经营[22]。

（三）财务困境对公司业绩（价值）的影响

关于财务困境对公司业绩（价值）的影响，学术界存在三种不同的观点：

（1）无关论，即财务困境对公司业绩没有影响。早期的经典文献并未考虑到财务困境对公司业绩的影响，或者认为这种影响即使存在，也是微不足道的。例如，Modigliani 和 Miller（1958）在其正式模型中就没有考虑财务困境（破产）成本对企业加权平均资本成本和公司价值的影响[23]。Warner（1977）以 11 家铁路企业为样本测度财务困境（破产）的直接成本。Warner 发现，在平均意义上破产成本大约仅占破产之前第 7 年企业市场价值的 1%，即使到了破产申请日这一比例也只上升至 5.3%，因此他得出了破产成本无足轻重的结论[15]。

（2）财务困境成本论，即财务困境对公司业绩存在负面影响。Baxter（1967）对 MM 理论提出了批判，他认为在存在破产或丧失偿债能力可能性的情况下，过度运用财务杠杆将导致财务困境（破产）成本的上升，从而导致平均资本成本的提高，最终降低公司的总价值。但 Baxter 也指出，要想区分究竟企业销售和盈利的下降是财务困境造成的，还是企业销售本身导致了财务困境的发生是非常困难的，而且"毁灭风险是否提高了高杠杆企业的资本成本依然是个实证问题"[14]。Altman（1984）选择了 1970—1978 年破产的 12 家零售企业和 7 家工业企业为研究样本，开创性地运用回归技术和证券分析师的预测两种估计方法计算预期盈利，再以预期盈利与实际盈利之差额度量财务困境（破产）的间接成本。Altman 的研究表明，平均而言，在破产的前 3 年破产成本达到企业价值的 11% ~ 17%[16]。Opler 和 Titman（1994）改进了研究方法，消除了经济困境对财务困境的影响，研究结果也支持财务困境成本显著为正[24]。

（3）财务困境收益论，即财务困境对公司业绩存在正面影响。Jensen（1989）提出"财务困境收益"的概念。他认为，财务困境会迫使企业管理层采取积极行动以提高经营和管理效率，进而改善业绩；否则，作为公司内部控制机制的董事会将考虑变更高级管理人员[25]。支持 Jensen 的财务困境收益假说的经验研究也不乏其例。Harris 和 Raviv（1990）认为，财务困境至少可以带来三方面收益：① 赶走表现糟糕的管理层；② 改善经营业绩；③ 促使企业剥离（卖掉）业绩不良的资产[26]。Whitaker（1999）发现，在企业陷入财务困境之后，平均而言企业的经营业绩和市场价值都有所提高。Logit 回归结果显示，如果企业是因为经营管理不善而陷入财务困境的，那么管理者行为就是企业摆脱财务困境至关重要的因素[27]。

在国内，吕长江和韩慧博（2004）认为，我国上市公司的间接财务困境成本显著为正，从总体来看，间接财务困境成本占公司价值的 25%～36.5%，而且资本结构对间接财务困境成本具有显著影响，即负债率越高的企业在困境期内将损失更大的市场份额和利润[8]。但吕长江和韩慧博的研究设计未能剔除经济困境的影响。与吕长江和韩慧博对财务危机的界定有所不同，吴世农和章之旺（2005）选择了 1998—2002 年沪深股市 40家 ST "摘帽"公司 A 股为财务困境企业样本，从"经营业绩观"和"权益价值观"两个角度考察我国上市公司是否存在财务困境成本。研究发现，从陷入财务困境之前到解除财务困境之后，企业经行业调整之后的平均主营业绩虽然有所增长，但经过市场调整之后的权益市场价值平均下降了 2.04%，表明投资者平均承担 2.04%的财务困境成本。实证检验同时表明，当财务困境企业所在行业业绩不佳时财务困境成本更高[28]。

三、财务危机的成因

（一）财务危机的理论解释

在目前的研究文献中，解释企业失败和破产的规范性理论不多。根据 Morris（1997）的考证，目前对企业失败和破产的解释在理论上可分为四类：① 非均衡理论。主要用外来冲击（External Shock）来解释公司破产，如灾害理论（Catastrophe）。② 财务模型理论。由四种财务模型组成：期权定价模型、不存在外部资本市场条件下的赌徒破产模型、具有完美外部资本市场条件下的赌徒破产模型、外部资本市场不完美条件下的赌徒破产模型。③ 契约理论。该理论试图用股东和债权人之间的潜在利益冲突来研究公司破产。④ 管理学和企业战略学理论[6]。这类理论只能勉强称为规范性理论，因为它们只不过是通过对一系列破产公司进行案例研究得出的规律性总结。目前，对财务困境的理论分析主要基于以下几种理论：① 期权定价理论；② 企业破产理论；③ 财务困境的非均衡理论；④ 现金流量理论；⑤ 资本结构理论；⑥ 契约理论等。

在国内，高建来和梁润（2015）从财务危机源、财务危机演化路径及财务危机表征形式三个方面对企业财务危机的演化过程进行研究，并结合社会燃烧理论这一新的视角对财务危机的形成条件和演化机理进行分析，构建出财务危机的演化机理模型，认为财务危机的产生需要同时具备"燃烧物质""助燃剂"和"点火温度"三个条件，通过控制其条件的产生可防控财务危机发生，但归根结底都需要企业提高自身适应性[29]。张友棠（2004）认为构建财务预警管理理论，必须选择能阐述财务风险的产生原因、运行过程、运行规律的理论作为基石，如外部环境的变迁，可用周期波动理论、风险价值理论和企业预警理论诠释；内部控制失控，可用内部控制理论、现代财务管理理论来阐释[30]。彭韶兵和邢精平（2005）沿着"财务风险→财务危机→企业破产→财务危机预警"的一般逻辑过程，分析了财务风险与危机的形成机理[31]。但该研究限于定性层面的因素分析，缺乏深入探讨。王满玲（2005）认为，财务预警的基础理论研究主要致力于从规范的经济管理理论中寻找原因和关键变量，解释和说明为什么一部分企业会走向困境和失败，按内容可分为以下四类：基于系统信息理论，如突变论、熵理论等；基于宏观经济和产业组织理论；基于公司财务理论，包括 MM 定理、赌徒破产模型、代理（契约）理论框架下的破产过程；基于管理理论[1]。

（二）财务危机的过程描述

李秉成（2004）总结了描述财务困境形成过程的两种主要观点：原因观与时间观。从财务困境形成的因果关系角度来描述财务困境形成过程的方法称为财务困境形成过程的原因观，将从财务困境形成的时间过程角度来描述财务困境形成过程的方法称为财务困境形成过程的时间观[32]。

（1）原因观。Argenti（1976）在有关学者的研究基础上，通过案例研究及理论分析得出结论：导致企业失败的原因有八项，企业失败的症状有四项[33]。Sharma 和 Mahajan（1980）在 John Argenti 建立的企业失败原因及症状的逻辑关系基础上，建立了企业失败过程模型。他们认为，企业管理不善导致战略规划或实施的错误，进一步导致业绩指标的恶化，不可预测事件也可能导致企业业绩指标的恶化。在缺乏正确的应对行动或采取了无效的应对行动的情况下，企业最终将会破产[34]。

（2）时间观。财务预警分析中的"四阶段症状"分析法认为，企业财务危机可分为四个阶段：第一阶段为财务危机潜伏期，其特征是盲目扩张、无效市场营销、疏于风险管理、缺乏有效的管理制度、企业资源分配不当、无视环境的重大变化；第二阶段为财务危机发作期，其特征是自有资本不足、过分依赖外部资金、利息负担重、缺乏会计的预警作用、债务拖延偿付；第三阶段为财务危机恶化期，其特征是经营者无心经营业务和财务周转、资金周转困难、债务到期违约不支付；第四阶段为财务危机实现期，其特征是负债超过资产、丧失偿付能力、宣布倒闭。

（三）财务危机的成因分析

财务危机产生的原因既有内部的，也有外部的。外部原因，如环境的变化、行业疲软等；内部原因包括债务过高、投资决策失误等。关于企业财务失败的具体原因分析，学者对此有两种不同的观点：第一，企业经营的观点，主要从企业经营的角度来探讨财务失败的原因。如 Blum（1974）以现金流量为指导理论，将企业视为一个流动资产的"储水槽"，如果流动资产管理不当，出现企业流动资产总量下降，或流入量减少而流出量需求却在增长等现象时，企业失败的概率将会增大[35]。Laitinen（1991）则从财务管理角度出发，指出错误的财务管理手段和政策会导致企业陷入财务失败[11]。Sharma 和 Mahajan（1980）认为，企业经营受到内在与外在因素的交互影响，其中，内在因素着重于管理的策略与执行，外在因素则泛指行业与经济等外部不可控因素[34]。第二，公司治理的观点，从公司治理机制的角度来分析企业财务失败的原因。Shleifer 和 Vishny（1997）[36]等发现，在大多数国家尤其是发展中国家的公司中存在着最终控制人现象，并出现最终控制人与中小股东之间的矛盾，最终控制人通过操纵董事会影响公司的决策从而侵害了中小股东的利益，最终造成公司绩效的下降。

在国内，姜红珍和张明燕（2005）认为导致我国企业财务失败的宏观因素有：① 行业背景；② 国家宏观经济环境及政策；③ 体制因素。微观因素有：① 投资决策失误；② 债务负担过重，财务杠杆率过高；

③ 治理结构存在严重缺陷；④ 盲目扩张和多元化[37]。韩臻聪和于丽萍（2005）重点分析了企业财务危机内部成因：① 公司战略决策不当，包括盲目扩张的多元化战略，盲目扩大规模、负债比率过高、缺乏产业实体支撑的资本市场发展战略；② 公司监理机制不健全，包括管理当局挪用公司资金、大股东掏空公司资产、管理者随意处置公司资产；③ 公司财务管理缺陷，包括高财务杠杆、财务流动性差、现金管理薄弱、投资节奏把握和组合欠佳[38]。李秉成、梁慧和刘芬芳（2005）认为导致 ST 公司陷入财务困境的主要原因有：① 主营业务或主导产品缺乏竞争力；② 经营管理费用高，人工成本负担重；③ 重大投资失败；④ 资产质量差；⑤ 市场开拓力度不够；⑥ 为其他公司提供债务担保；⑦ 激烈的市场竞争；⑧ 政策、法律、法规的不利影响；⑨ 市场疲软；⑩ 原材料价格上涨[39]。刘静和程涛（2005）随机选取了 2001 年度为 ST、PT 股的 46 家上市公司，对其披露亏损原因做了分类：① 行业竞争激烈；② 债务负担重、担保、诉讼；③ 实施新会计制度；④ 处理遗留问题；⑤ 投资失误；⑥ 新产品上市，尚未形成规模[40]。

四、财务危机的预测

最早的财务危机预测研究是 Fitzpatrick（1932）开展的单变量破产预测研究[41]。现在，财务危机预测已经成为一项世界性的公司财务研究，根据实证资料以高效、精准为建模目标的模型开发研究，在欧美国家的投资决策、债券评级、银行信贷决策、审计决策、公司财务管理等领域开始扮演越来越重要的角色。

（一）财务危机预测的主要方法和模型

按照分析技术不同，国外公司将财务危机预测方法分为三类：① 计量经济方法，包括多元判别分析（MDA）、线性概率模型（LPM）、多元积和时间序列方法（CUSUM）、生存分析（Survival Analysis）等；② 简便的非参数方法，包括熵值法（Entropy Measurement）、递归分割法（RPA）、K 临近法，聚类分析，运用贝叶斯决策法则进行多阶段破产诊断等；③ 人工智能方法，包括神经网络（Neural Networks）、遗传算法（Genetic Algorithm）、粗集方法（Rough Set Theory），基于案例推理（Case-Based Reasoning，CBR）等。也有学者按分析技术将其分为统计类的和非统计类的，统计类方法主要包括一元判别法、多元线性判别法、多元逻辑回归方法、生存分析法等；非统计方法主要有模拟类预测方法（如神经网络模型）、行为反映类分析法（如股价分析法）、案例分析法等。

常用的方法和模型有：

（1）判别分析法（Discriminant Analysis，DA）。

1966 年，William Beaver 率先提出了单变量分析法，即利用单一的财务比率来预测企业的财务困境[3]。美国财务专家 Altman（1968）首先使用多元线性判别模型研究公司的破产问题，即 Z 模型。之后，Altman、Haldeman 和 Narayanan（1977）又提出了一种能更准确预测企业财务困境的新模型——Zeta 模型[42]。

（2）逻辑（Logit）和概率比（Probit）回归分析。

自 20 世纪 70 年代末以来，财务困境研究人员引进了逻辑（Logit）和概率比（Probit）回归方法。Ohlson（1980）认为高精度的预测并不是最重要的，更重要的是对于不同的数据收集估计程序，模型预测结果具有合理的鲁棒性（Robustness）。Morris（1997）以 t－1 年模型的结果作为 t 年预测模型中的独立变量，提出了滚动 Logit 模型（Rolling Logit Model）[6]。

（3）人工智能方法。

Odom 和 Sharda（1990）第一次把人工神经网络用于财务危机的预测研究后，随着近年来计算机技术和信息技术的发展，西方研究人员将人工神经元网络、专家系统、遗传算法等人工智能技术引入对财务困境的预测研究中。

（二）财务危机预测的比较研究

（1）在模型适用性的中外比较方面。卫建国和唐红（2002）认为 Altman 模型中关于 Z 值的临界值在我国目前的上市公司中不太适用，并且企业所处的行业不同，其 Z 值存在明显差异[43]。陶源（2015）构建用于预测中国上市公司财务危机的 Z-score 模型，并与美国的 Z 模型对比发现，相较于美国上市公司，中国上市公司更看重盈利能力[44]。

（2）在不同模型的比较方面。王宏炜（2004）比较研究了用于我国上市公司财务困境预测的四种判定模型，得出 Logistic 模型的判定效果最高，主成分分析的效果优于判别分析，BP 神经网络分析的判定效果最差[45]。吕长江和周现华（2005）采用中国制造业上市公司 1999—2002 年的数据分别运用多元判别分析、逻辑线性回归和人工神经网络对财务状况处于困境的公司进行预测比较分析。结果表明：三个主流模型均能在公司发生财务困境前1年和前2～3年较好地进行预测。其中，多元判别分析要逊色于逻辑线性回归，人工神经网络的预测准确率最高[46]。总之，研究结论很不一致，甚至互相矛盾。

（三）分行业财务危机预测

由于不同的行业具有不同的特性，影响财务危机的因素自然不同。国外在分行业财务危机预警系统的研究中发现，由于行业的不同，同一预警变量包含的信息量有所不同，其预测效果也大有差别。他们检验了与产业相关的财务指标、营运指标和产出的变化与公司经营失败的关系，结果发现，用产业因素调整后的模型事前和事后的分析效果较佳。

在保险业研究方面，Pottier（1998）使用1990年到1992年间48家破产的寿险公司数据，比较了评级和评级变化与总资产、财务比率、财务比率结合评级和评级变化在预测破产方面的作用，结果发现，财务比率结合评级和评级变化的方法比单独使用财务指标能更为有效地预测破产，此外，信用评级的降低在预测破产方面起着重要作用[47]。

在对非金融业的研究中，Ward（1994）研究发现经折旧和摊销调整后的净利润在预测财务危机方面效果较好。他选取了1988年到1989年385个企业的数据，发现现金流量指标尤其是投资活动产生的现金流在预测采掘、石油和天然气行业中企业的财务危机方面作用明显，而经营活动产生的现金流在预测非资源性行业中较为重要[48]。

我国学者在分行业财务危机预测方面也进行了广泛探索，如针对汽车行业、能源产业、房地产行业、装备制造业、高新技术企业、水运企业、品牌服装企业、火力发电企业、物流公司、航空公司、商业银行、信息技术上市公司、电力上市企业、煤炭上市公司、生物医药上市公司、建筑上市公司、农业上市公司、批发零售业上市公司、钢铁上市公司等。张祥和陈荣秋（2003）提出，随着研究的深入，会出现两种研究趋势：以普遍适用为目的的通用模型，以行业和企业规模为特点的专业模型[49]。舒惠好（2005）提出了行业差异变量模型假说[2]。

还有少数学者对研究对象进行了其他细分，如成长期上市公司、创业板上市公司、新三板上市公司、"丝绸之路"概念股板块、国有上市公司、中小企业等。

（四）财务危机预测新发展

自吴世农和黄世忠（1987）[50]介绍企业破产的财务分析指标及其预测模型以来，我国学者开始了广泛的财务危机预测研究。首先是国外成果的引进与改造，如 Y 分数模型[51]、F 分数模式[52]、"A 记分法"[53]等。而后，我国学者对财务危机预测原理和技术也进行了探索，如刘国常和阮先桃（2004）借鉴 Laitinen 的研究方法，利用 Taylor 展开式的结论，在得出的较优模型中引入变量的二次幂项和交叉项，结果发现预测模型的准确性和稳定性都得到了提高[54]；陆富彬、薛跃和张金洪（2004）认为探索非线性模型下变量选择的有效方法是建立合理模型和提高预测效率的首要任务，正交试验设计方法和神经网络方法是两种有效方法[55]；田满文（2005）发现预警模型的长期预警能力不理想，可能部分 ST 公司的经营失败具有"突变"性质，影响了预警模型的判别效果和提前预警能力[56]；张华和赵银德（2004）认为建立在公司财务报表基础上的财务比率分析模式也不可避免地存在着一些与财务报表质量、财务比率幻觉、财务比率的比较基准、资产负债表的不完全性和通货膨胀等因素相关的局限性[57]；赵兴军（2005）提出，现有财务预警体系无论采用单一指标法还是多指标法，都缺乏"病因"分析能力[58]；吴世珍（2005）认为财务危机预警模型的构建和样本选取两大难题，是制约财务危机预警研究向纵深发展的重要因素[59]；张友棠（2004）提出，财务预警系统应不拘泥于任何经验数据或通用的财务参数、比例[30]。

在建模技术方面，随着统计学、计算机技术等的发展，运用新技术或新思想建模在国内形成了一个高潮，其鲜明特征是各种技术的引入和融合。这些新技术和新思想包括：基于多智能体演化博弈仿真，基于期权理论的动态预测方法，基于粗糙集理论，基于粗糙集与信息熵，基于遗传禁忌算法和 CBR，基于决策树，基于熵值法，基于突变理论模糊隶属函数，模糊支持向量机（FSVM），基于 KLCCF 的 SPG-GMKL 分类，基于遗传算法粗糙集属性约简和 LS-SVM，基于离散型 Kalman 滤波，修正违约距离的 KMV，基于 Pls-Logit，基于 RS-Logistic，基于数据包络和数据挖掘，基于双层数据包络分析（Two-Level DEA），T-S 型 FNN，基于 PCA-PSO-SVM，基于改进 RU-Logit，基于 HSDM-BP，基于灰色神经网络，基于 DD-FWSVM，基于 DEA-SVM，基于因子分析与灰色理论，基于模糊积分 SVM，基于 DS 证据理论 SVM 集成，基于 HSDM-BP，基于思维进化算法优化 BP，基于 TPDA-NB，基于 PSO-BP，基于累积和等。

在模型所采用的数据指标上，一个明显的趋势是更重视现金流量指标和引入非财务指标。张友棠（2004）摒弃了传统的财务指标，构建出基于现金流量的全新的财务指标——现金盈利值（Cash Earning Value，CEV）和现金增加值（Cash Added Value，CAV），并在此基础上系统地构建了财务预警指数测度系统和分析系统[30]；章之旺（2004）研究证实，现金流量，特别是经营性现金流量与应计制会计变量相比，既具有相对信息含量，也具有增量信息含量[60]。在引入非财务信息方面，学者们探讨了审计意见在财务预警中的信息含量、加入内部控制变量、引入公司内部治理指标、引入公司社会责任指标、引入市场信息和股权结构、加入会税差异指标等。

同时，研究视角也有新拓展：徐炜（2015）基于投资者视角，以投资者获取的上市公司财务信息和推荐信息为切入点，研究了基于财务信息的上市公司财务危机预警问题、基于推荐信息的上市公司财务危机预警问题和基于财务信息与推荐信息融合的上市公司财务危机预警问题[61]；杨华（2015）构建了涵盖六大方面财务指标、四大方面非财务指标与涉及宏观经济、行业环境和地理区域等控制指标的三层财务危机预警指标体系，从利益相关者视角评价了企业财务危机状况[62]；朱兆珍（2016）从企业生命周期角度出发，构建了以反映财务状况的财务指标为主，映射内部管理行为的公司治理指标为辅的全生命周期财务预警共性指标体系[63]；吴芃（2013）将盈余管理理论引入财务危机预警领域，研究盈余管理相关理论和财务危机预警理论相结合进行财务危机预警的可能性和方法，解决在财务危机预警模型中财务数据广受盈余管理影响而"失真"的问题[64]。

五、财务危机的处置

企业陷入财务困境后，根据不同企业的实际情况，可以采取的处理措施有：① 资产重组，企业通过出售部分资产，与其他企业合并，减少资本支出等方法来取得现金流，以偿还到期债务；② 破产清算，这是传统意义上的破产，即存量破产；③ 债务重组，企业与债权人就原债务合同进行谈判以确定新的偿还协议，包括债务展期、债务减免和债转股等。债务重组是处理财务困境的主要手段，包括三种模式：① 正式重组，就是在破产保护下重组，即在第三方——法院的领导下进行重组；② 私下重组（workout）也称庭外重组，即企业与债权人私下达成债务重组协议；③ 预包装破产重组（prepackage bankruptcy），即先与债权人达成协议，再通过法律程序重组[27]。

薛楠、殷尹和华武（2005）认为，我国资本市场不成熟、破产重组法律体系不健全、市场化债务重组成功的可能性很小，而且相关数据的获得性、可信度都很低[65]。冼国明和刘晓鹏（2003）对财务困境企业债务重组的博弈分析表明，企业债务重组的最大障碍在于企业与债权人之间的信息不对称问题，从而导致无效运营（投资过度）或无效清盘（投资不足），降低这种无效率的情况取决于债权人策略性行为成功的概率，而这一概率的高低又取决于资本市场效率、信息获取技术和投入的资源数量。因此，企业债务重组的关键问题在于克服参与重组的各利益主体之间的"信息不对称"问题[66]。

吕长江和赵宇恒（2004）以 1999—2001 年被特别处理的 78 家公司为样本，分析了这类公司重组与业绩变化之间的关系，结果发现，重组对 ST 公司命运具有明显的影响，重组具有即时效应，但其作用是有限的，并未带来以后年度业绩的全面改善和提高[67]。

六、案例研究

在财务风险评价方面，林琳（2015）建立了 XC 公司财务风险综合评价因子分析模型[68]。

在财务危机成因分析方面，卢亚迪（2015）以可持续增长率为视角，分析振华重工出现财务危机的原因[69]；王梓熙（2017）基于企业生存因素理论，剖析舜天船舶制造企业破产的原因及路径[70]；王君晖（2015）通过对华锐风电外部经济环境与内部运营管理两方面影响因素的深入研究，探寻其陷入财务危机的根源[71]；刘新雅（2016）研究发现，造成绿城中国两度陷入财务危机的原因包括宏观经济下行与宏观调控政策收紧等外部诱发因素，以及宏观环境误判造成经营决策失误、产品定位与政策导向之原生冲突、内部管控乏力导致抗风险能力低等内部成因[72]。

在财务危机对策方面，王东（2015）提出了天威保变财务危机的对策[73]；马广奇、张芹和邢战雷（2017）以乐视为案例，实证测度其资金链安全性，多维度分析其陷入财务危机的根源，并提出相应的应对策略[74]。

在财务危机防范方面，吕焕其（2016）构建重泰集团预警指标体系，根据功效系数法理论建立财务风险预警模型，提出重泰集团财务风险的防范措施[75]；王璐（2016）构建了龙净环保的财务危机预警系统，该系统主要包括预警组织结构、信息收集机制、分析监测机制与危机处理机制[76]。

在财务危机应急处置方面，迟小龙（2015）以 T 钢铁有限公司为真实案例，建立财务危机预警的指标体系，并对预警限值进行设置，根据企业的实际情况采取保障措施使模型持续工作并介绍危机发生时企业应具备的应急系统[77]；李娜（2015）根据财务危机的有关理论，结合湖南天一科技股份有限公司目前的实际情况，探讨其财务危机的管理方案[78]。

七、其他研究

Nam 和 Jinn（2000）认为 1997 年亚洲金融危机爆发时表现为汇率危机，但其根源仍是企业的高风险经营[79]。王克明（2004）考察了企业财务困境与金融脆弱性的关系，探讨了企业财务困境加剧金融脆弱性的机理[80]。

牛瑞同和章之旺（2005）研究了我国财务困境上市公司的财务行为[81]。黄国轩和范龙振（2003）运用博弈论分析了财务困境中的企业投资行为[82]。唐跃军（2005）基于 2000—2003 年的上市公司数据，实证研究了上市公司审计、财务困境与会计师事务所更迭的联系，发现在同等条件下，上年度及本年度被出具非标准审计意见、由规模小的会计师事务所审计、每股经营现金流为负（处于财务困境中）、上年度和本年度审计迟滞时间长的上市公司更有可能更换会计师事务所。同时，被 ST 公司以及公司规模小的上市公司更有可能更换会计师事务所[83]。

王淼和刘佳（2003）提出了应对危机的财务管理新方式：事前就将企业定位于被收购状态，在管理中有针对性地、更好地达到企业价值最大化的目标[84]。韦燕燕（2005）应用消错学和消错逻辑的基本思想、理论和方法，对企业危机的置换转化规律等方面的问题进行了初步的探索[85]。

王满玲（2005）研究了公司财务预警监控机理模型及其应用方法：通过建立企业柔性生存决策过程的规范关系模型，研究发现了财务预警管理中的自适应学习机制；将企业柔性生存模型中建立的系统性和非系统性风险因素之间的规范关系引入 KMV 模型中，提出了连续融资下违约风险的多因素预警监控方法；通过发掘价值链组织结构和集成 ERP 协同演进下的价值流预警系统的内外部结构，分别针对不同层次的价值模块开发了相应的供应链风险因素预警模型[1]。

八、简　评

从世界范围看，对企业财务危机的研究虽发展迅速并不断深入，但总体上还处于初始阶段，属于前沿性课题。这主要表现为以下方面：

（1）现有理论（模型）对于公司陷入财务困境的原因及其过程并没有给出明确的解释，因此很多实证研究的假设缺乏有足够说服力的逻辑推理，也就很难从实证上形成对已有理论的支持。由于理论的不完善性，关于财务困境预警问题的各种研究没有一个统一的、被广泛接受的理论依据，只能根据不同的理论或相关研究、经验、直觉来选取指标。大量的实证研究显示，宏观经济波动、经济周期、产业发展中的部分特点以及一些管理决策行为会直接导致企业濒临破产，但目前各领域的研究结论并不能系统解释仅用企业的财务比率就可度量企业陷入困境的程度或预测企业遭遇失败的可能性。因此，所有基于财务比率的预测模型缺乏理论上的依据。迄今为止，尚无一个重要的理论能够说明财务比率在破产前的预测能力。因此，从理论层面更完善地说明财务比率在破产前的预测能力亟待解决。从理论上而不仅仅是从实证上分析财务比率对破产的预测能力，是进一步学术研究的一个方向[2]。

企业是个非线性复杂系统。而复杂系统会产生"伪信息"，有些似乎强烈相关的因素之间并不存在任何直接的联系；"蝴蝶效应"则表明，小得不起眼的因素也会形成惊人的结果。这些都要求研究者重新考虑对经济预测模型中的解释变量的选取，而不能仅仅依赖于相关系数的分析，还要寻求理论上的依据。因此，即使简单的实证研究，也可能陷入"瞎子摸象"的误区。

（2）从众多学者对企业财务困境形成过程的描述来看，不同学者对财务困境形成的认识有一定的差异。例如，John Argenti 和 Subhash Sharma 对企业产生财务困境的根本原因有一致的看法，即管理差是导致企业陷入财务困境的首要原因，但他们对次级原因的描述却有一定的差异。John Argenti 认为管理差导致企业产生 8 项财务困境成因，而 Subhash Sharma 认为管理差容易导致企业战略规划或实施的错误；新小田泰平认为，导致日本企业破产的第一层次的原因是：经营管理能力欠缺以及经营管理不善而导致的事故、损失、企业活动停滞等。显然，新小田泰平对企业财务困境形成的根本原因的认识不同于 John Argenti 和 Subhash Sharma。不同学者对财务困境形成原因的层次划分也有一定的差异，新小田泰平将企业失败的原因划分为三个层次，而 John Argenti 只将企业失败的原因划分为两个层次，即管理差和由管理差引起的 8 项成因。

不同学者对财务困境形成过程的描述不同，并不说明他们或者他们中的一些学者对财务困境形成过程认识不正确或者存在错误，这恰恰反映了财务困境形成过程的复杂性、形成过程类型的多样性，以及人们对财务困境认识的局限性。

（3）由于缺乏有效的理论指导，现有研究目前在财务预警方面存在大量争议。例如：① 判别标准。选择实证研究判别标准要考虑标准的明确性、可识别性以及选择成本，破产比债务违约、财务绩效恶化更符合上述原则。破产的直接原因是财务困境，而财务困境并不一定在研究时间窗内导致破产。② 样本选择。选择样本不仅要考虑财务数据的可获得性，还涉及两个关键问题：选样技术和选样控制标准。大部分研究都采用非随机的配对法（matched pairs technique）选取财务困境和非财务困境样本。这种选样程序存在争议：第一，根据 Zmijewski（1984）的研究，若研究样本中财务困境与非财务困境企业的比例偏离总体中两类企业的比例，则会歪曲模型的预测能力。Morris（1997）分别用 50% 和 2% 的先验概率进行研究，后者对同一样本的预测精度明显低于前者的预测精度[6]。第二，选样控制标准常采用会计数据时间、产业、规模等，以主观判断相近选取样本，一般认为按照控制标准匹配选样可消除经济波动等外部因素差异对模型结果跨样本有效性的影响。虽然随机选样具有说服力，但研究成本很高。目前研究中选样控制变量选取标准模糊，这不仅可能引起过度选样从而影响模型的稳健性，也会影响选择有效的预测变量。③ 预测变量选择。纵观财务困境预测的现有文献，在预测变量的选择上基本分为四类，即会计比率类、现金流量类、市场收益类和市场收益方差类，其中最为常见的是可以从公开财务报告中获得的财务比率。但从投资策略角度分析，在信息不对称市场中，以会计数据为基础的模型未必会比资本市场具有更佳的预测效果。因此传统危机预测模型的使用者仍然很难有效规避市场风险，这使得许多相关研究的实际运用价值受到了极大限制。在统计预测模型研究中常采用统计筛选预测变量，在变量集中按照单变量判别能力强弱选取预测变量。Altman（1993）在 Z-Score 模型研究中发现，并非使用预测能力越强的变量，模型预测能力就越强，应看变量组合的预测能力[86]。④ 非线性效应。公司财务困境预测是非线性问题，但在 Lennox（1999）之前的财务困境预测研究均简化地假定预测变量同财务困境之间呈线性关系。Lennox（1999）以 1987—1994 年英国 949 家上市公司为样本进行财务困境预测研究，并通过异方差检验发现，现金流量和杠杆作为解释变量存在非线性效应[87]。然而目前的研究发现，非线性模型的灵敏度高，但其预测的稳健性比线性模型弱；非线性模型的结构过于复杂会引起样本过度适应从而造成预测能力降低，而结构相对简单的模型的预测能力具有稳健性，但与线性模型又无本质区别。随着时间推移以及经济条件的改变，线性与非线性模型都面临参数重新估计甚至重新建模的风险[88]。⑤ 建模技术比较。Lennox（1999）认为 Logit/Probit 模型结果优于 MDA[87]，但 Ginoglou 等（2002）对希腊公司的研究发现 MDA 较先进，人工智能方法研究中常以计量经济方法为比较基准，并显示较优的研究结果[89]。虽然神经网络判别模型可谓研究方法上的重大创新，但实际效果很不稳定。例如，Tam 和 Kiang（1992）采用神经网络分析法分别对美国公司和银行财务危机进行了预测，取得了一定的效果[90]。但 Barnet 和 Alse（2001）认为神经网络与计量经济方法预测结果相当，但建模成本高[91]。⑥ 模型的有效性评价。大多数学者直接以判别精度（Ⅰ型与Ⅱ型错误率加权平均）来评价模型的有效性，以误判率最小为原则建立判别准则。在实际中，一般来说，破产公司误判为非破产公司（Ⅰ型错误）的代价远远高于非破产公司误判为破产公司（Ⅱ型错误）的代价，但这不仅需要大量的实证研究，还需要针对模型使用者的目的、针对具体问题考虑误判成本大小。比如，从投资者和银行的角度，Ⅰ型误判成本要大于Ⅱ型误判成本；而从受诬陷和中伤的经营良好的企业角度，借款者、顾客、供应商、股东或其他投资人的不必要的戒备状态，会使Ⅱ型误判成本更高。

（4）在西方，公司财务危机预测已经在银行信用评价、公司财务管理、债券评价、审计意见决策支持等方面具有一定的应用历史。但总体来说，传统上依赖历史会计数据建立的模式识别类的预警模型，仍缺乏有力的经济或金融管理理论的支撑以及存在方法上的固有缺陷，致使难以在公司财务管理中推广应用；而考虑到微观与宏观因素之间联系的预警模型仍处在实验室阶段，也未发展到实际应用的程度。

在国内，与理论界最近的"如火如荼"的探讨相比，实务界鲜有实际的应用。一个可能的原因是，与欧美国家研究不同，我国理论界用于企业财务预警模型构建的指标体系并不是来自实证研究的结论，而是以经验的定性的逻辑思辨分析为主，属于探讨性质，也未出现成功的应用案例。

随着公司财务风险管理日益工程化的发展趋势，公司财务困境预测用于工具化的信用语言、资产组合预警、行业监管以及供应链企业财务风险管理中的研究已经起步。这些领域的继续深入研究，对提高与公司财务相关的各领域风险管理是十分有价值的。

第三节　财务危机研究的内容和方法

一、财务危机研究的相关内容

通过对财务危机相关问题的国内外研究现状的综述，可以清楚地看出，目前能够解释财务危机原因且具说服力的规范性理论很少，并且这些理论模型对于企业陷入财务危机的原因及其过程并没有给出明确的解释，使得关于财务危机预警问题的各种研究没有一个统一的、被广泛接受的理论依据。而缺乏理论根基的实证研究，不但是"瞎子摸象"，而且可能把仅发生时间先后顺序的事物（如"鸡鸣"与"天亮"）当作有因果联系的事物（如"鸡鸣"导致"天亮"）。究其根源，目前对企业陷入财务危机的解释还停留在表层上的因素分析、原因归类、过程描述上，没有从企业财务危机形成与演化的微观机理上进行深入的理论探究。

什么叫机理？机，事物变化之所由，《庄子·至乐》载："万物皆出于机，皆入于机"；机理，事物变化的道理，《抱朴子·广譬》载："明者，觌（dí）机理于玄微之未形"。

本书试图研究企业财务危机的形成与演化机理和一般规律，并由此得出企业财务危机预警管理原理。由于财务危机描述的是企业财务方面的一种状态，财务危机体现为企业价值流运动的结果，因此本书从研究企业基本价值流运动的普遍规律入手。而对于目前财务危机规范研究或实证研究中的常见的因素分类、案例分析等，本书一般不涉及。当然，已有的研究成果对于本书所建模型的变量选择等具有参考价值。

具体说来，作者注意到并试图解决以下几个问题：

（1）企业内部的价值运动规律是什么？

从价值的角度，企业的结构是什么？企业内部的价值运动受哪些因素的影响，各种因素是如何作用于企业的价值流的（作用点、作用途径、传导过程、作用大小等）？

（2）财务危机发生的条件是什么？

事物的发生发展都是内因和外因共同作用的结果。那么，财务危机发生的内外因又是什么，它们作用的机理是什么？作为非线性复杂系统，其发生的临界条件是什么，受哪些因素的影响？

（3）财务比率为什么对财务危机具有超前预测能力？

财务比率是人们建立企业财务危机预警模型的主要依据，但财务比率是反映企业过去状况的，它如何具有超前的预测能力？这种预测能力会有多大？

（4）企业怎样防止财务危机的发生？

财务危机预警信息有哪些性质？其生成与发布应该遵循哪些规则？财务危机预警是否应该区分预警主体，如企业外部和企业内部？企业内部财务危机预警管理系统应该如何建立？

基于提出的以上问题，作者设立了以下四个研究目标：

（1）建立企业基本价值流模型，为分析企业这个复杂非线性系统开辟新的道路；

（2）通过深入的理论分析和系统仿真，揭示企业财务危机的形成与演化机理，对企业财务危机作出一般解释；

（3）初步阐释财务比率的预测能力；

（4）提出面向企业内部的财务预警管理系统的构建原理和方法。

二、财务危机研究的方法和技术路线

（一）研究方法

本书综合运用控制论、系统论、非线性复杂科学、管理学、法学、哲学等多学科知识和系统建模、仿真等工程方法，以及定性与定量相结合的方法。本书特别强调系统科学的思维和方法。

系统科学是科学思维方式转变的产物。近代自然科学是以形而上学思维方式取代古代直观辩证思维方式的结果。从 19 世纪中叶起，以一系列自然科学的伟大发现为突破口，开始了科学向辩证思维回归的历史进程，并在 20 世纪中叶达到高潮。它体现为各个方面：从孤立地研究转向在相互联系中研究，从用静止的观点观察事物（存在的科学）转向用动态的观点观察事物（演化的科学），从强调用分析的、还原的方法处理问题转向强调整体地处理问题，从研究外力作用下的运动转向研究事物由于内在非线性作用导致的自组织运动，从实体中心论转向关系中心论，从排除目的性、秩序性、组织性、能动性等概念转向重新接纳这些概念，从偏爱平衡态、可逆过程和线性特性转向重点研究非平衡态、不可逆过程和非线性特性，从否定模糊性转向承认模糊性。

"当我们深思熟虑地考察自然界或人类历史或我们自己的精神活动的时候，首先呈现在我们眼前的，是一幅由种种联系和相互作用无穷无尽地交织起来的画面。"[92]在认识上再现这幅画面的唯物辩证法自然地要把事物的普遍联系作为逻辑的起点。既然世界是普遍联系的，联系是客观存在的，那么就要求我们用联系的观点、整体性的观点去观察事物，从普遍的联系中分析研究个别的事物，在弄清个别事物的基础上进行辩证综合，从而达到对事物整体性的认识。唯物辩证法关于世界普遍联系的观点，是科学的世界观和方法论。系统科学的创立是对这一科学世界观和方法论的一个典型例证。系统论从联系的观点出发，把所研究的事物或现象都归结为一个系统，事物存在是系统存在。系统科学，一方面是对"唯物辩证法关于世界普遍联系"思想的科学证明，另一方面又丰富和发展了唯物辩证法。因此，本书把企业及其价值流运动作为一个系统来进行研究，重点研究系统结构、系统内部相互作用的过程，是一种非线性、多向、整体的观念和思维，而不是线性、单向、局部的观念和思维。

本书试图不基于已有的财务危机相关理论和研究成果，而是从事物的"原型"出发，通过分析研究得出结论，即从构建企业基本价值流模型入手，基于此模型分别运用理论分析和系统仿真这种科学方法展开研究，探究企业财务危机的形成与演化机理，最后"归纳"出财务危机的一般解释并探讨财务危机的预警管理。具体思路如下：

（1）在分析总结企业理论、工业工程、企业工程、财务金融理论等先验知识的基础上，结合作者的专家经验，运用系统建模理论和方法，建立一个企业基本价值流模型，即面向价值流的企业模型，或者表现价值流过程的企业"原型"，它将成为进一步分析和仿真的研究背景或者研究对象，为深入定性分析、定量研究以及建立仿真模型和进行仿真研究创造了条件。也就是说，本书将不基于已有的财务危机相关理论和研究成果，而是从构建反映企业价值流过程的企业模型出发，对企业财务危机形成与演化的微观机理进行研究。

（2）从系统科学的观点看，企业发生财务危机是以下两个条件同时成立的综合结果：一是企业本身的财务抗冲击能力不够；二是企业环境的不良作用（此时内外部负向作用大于正向作用）。前者可以看成系统的鲁棒性，后者中的负向作用可看成系统的干扰因素。本书将区分一般的财务困境与财务危机，同时不对财务危机的严重程度再做进一步分级。由此，本书认为企业财务危机的爆发存在临界点。

本书将从企业基本价值流模型出发，首先研究内外部因素对企业财务危机形成与演化的作用机理，研究不同因素的作用途径、机制、影响大小、传导速度等；然后研究企业本身的财务鲁棒性和财务危机发生的临界条件。

（3）科学研究通常有三种途径：理论推导、科学实验和仿真模拟。企业是一个复杂非线性系统，定性的理论推导也许较容易，但要建立比较完整的定量数学解析模型并给出解析解，难度太大；企业又是一个现实经济系统，对它做财务危机的科学实验损失太大，因而是不可行的。因此，仿真研究就是一种比较不错的选择。

本书将以 JX 钢管有限公司为例，在国际流行的 MATLAB 的 Simulink 环境下建立仿真模型并进行仿真。仿真的目标是：研究不同因素对企业财务危机形成与演化的作用、单个因素导致财务危机的临界条件、多因素组合作用、重组的作用等，深化财务危机的作用机理分析和临界点分析，观察财务比率的变化规律，并为企业预测财务危机探求一条新路——建立在企业模型或参考模型基础上的预测方法。

（4）提炼企业财务危机的一般解释。在归纳、总结前述企业财务危机形成与演化机理的基础上，提出企业财务危机的一般解释，包括财务危机的成因、特征以及"多因素耦合"观。

（5）探讨企业财务危机预警管理。在预警管理的依据方面，分析大多数预警模型的主要依据——财务比率的预测能力及其局限性；在财务预警信息的性质方面，研究不同信息利用者的需求特点，探索财务预警信息生成与发布的规律，如模型方法的选择、警级的设置理由；在财务危机预警管理系统方面，提出财务危机重在预防，而企业本身（一般）是财务危机的根源，因此财务危机预警研究的重心应当放在企业内部，并在总结企业内部财务预警的特点的基础上，运用滚动预算、预警管理理论和信息技术等，探讨企业内部财务预警管理系统的构建和运行。

以上研究内容分别构成本书的第二至六章。研究思路体现了作者试图从事物原型出发而不是从既有理论出发展开研究的原创愿望。

（二）技术路线

根据以上的研究思路，本书的技术路线可以用图 1-1 表示。

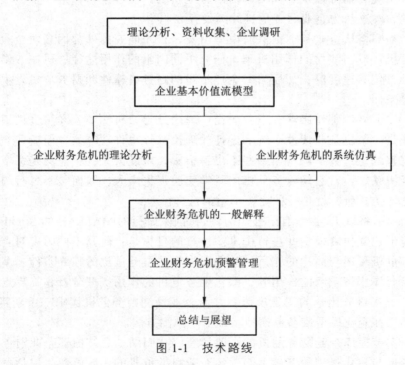

图 1-1　技术路线

第二章　企业基本价值流模型

第一节　企业模型与建模

一、企业模型

（一）系　统

系统是指由相互联系、相互作用、相互制约、相互依存的若干部分（要素）结合在一起形成的具有特定功能和运动规律的有机整体。系统可以是自然的或人工的、现在存在的或未来所计划的。系统的各个组成部分通常被称为子系统或分系统，而系统本身又可以看成其所属的更大的系统的一个组成部分。事物是以系统方式存在的。

系统不是孤立的，总处于某一环境中。环境的变化会影响系统的性能；反过来，系统对环境也会产生一些作用。系统与环境的分界叫作系统的边界，系统的边界（可以是物理的也可以是概念的）包围了系统的所有组成单元；位于边界以外的那些事物以及能够对系统特性施加某些重要影响的因素（但不能从系统内部控制这些影响）构成了系统的环境。但系统的边界并不是固定不变的，需要根据所研究的目标来确定哪些属于内部因素、哪些属于外部因素。

（二）原型与模型

实际系统是所关注的现实世界的某个部分，它具有独立行为规律，是相互联系、相互作用的对象的有机组合。人们把在现实世界里关心、研究或者生产、管理的实际对象叫作"原型"（Prototype）。

在科学研究中，对于某些关系复杂或情况特殊的对象，由于受到主客观条件的限制，人们往往难于甚至无法进行直接观察和实验。这时，人们往往采用间接方法——先设计与该对象（原型）相似的替代物，然后通过对替代物的研究来间接地研究原型的规律。这种为了特定的目的而将原型的某一部分信息简缩、提炼而构造的原型替代物，被称为"模型"（Model）。

模型是通过对原型进行抽象得到的。抽象的含义是抽取事物的本质特性，忽略事物的其他次要因素。因此，模型既反映事物的原型，又不等同于原型。运用模型来描述系统和系统的行为，要对系统作某种简化，突出其主要部分，略去其次要部分，集中反映系统最本质的特征，或者反映人们最关心的系统的功能要求。

系统模型是研究和掌握系统运动规律的有力工具，它是认识、分析、设计、预测实际系统的基础，也是解决系统工程问题不可缺少的技术手段。模型已经成为理解、分析、开发或改造事物原型的一种常用手段。

（三）企业模型

企业模型是人们为了解企业而进行抽象得到的关于企业某个或者某些方面的描述。

由于企业是非常复杂的社会、经济、物理系统，一般不可能用一个模型全面描述清楚，因此企业模型的一个显著特点是通常由一组模型组成，每个子模型完成企业某一个局部特性的描述，按照一定的约束和连接关系将所有的子模型组合在一起构成整个企业模型。企业模型的另一个显著的特点是企业模型的多视图特性，即需要采用多个视图从不同的侧面描述企业。每个视图从一个侧面描述企业的一部分特性，不同的视图之间相互补充，共同完成对企业的描述任务。比如，功能视图描述企业的功能特性，信息视图描述企业使用的数据之间的关系，组织视图描述企业的组织结构，过程视图描述企业的业务过程等。由于这些不同的企业视图描述的是同一个企业对象，所以，这些视图之间具有内在的联系，它们相互制约又相互集成。现有的企业建模框架与结构主要有Zachman、CIM-OSA、GRAI/GIM、PERA、ARIS、IDEF 等。

无论企业规模大小，无论企业的规范化和信息化程度如何，每一个企业都在不同程度上使用企业模型进行运作，虽然在很大程度上这些模型并不十分规范和完整，如企业管理制度、组织图、操作手册等就是某种形式的企业模型。

二、建　模

建模（Modeling）就是建立系统模型。为了达到系统研究的目的，人们常常利用系统模型这个研究系统功能及其规律的工具，收集系统有关信息和描述系统有关实体。在这种情况下，建立有效且可靠的系统模型，是系统研究者的首要任务。

（一）建模的目标

一般来说，建模工作的目的是提高认识和干预能力。在一个给定的环境中，建模的主要目标是加深对事物的认识程度，同时建立的模型也可能具有提供干预的能力。为了控制而建立的模型也将有助于人们对系统的认识。因此，建模工作具有目标的二元性。

（二）建模过程中的信息源

建模必须依据与系统有关的信息。建模本身是一个持续的、永无止境的过程，建模过程主要有三种信息源：

（1）建模的目的。事实上，一个系统模型只能对所研究的系统给出一个非常有限的映射。另外，同一个系统中可以有多个研究对象或目的，它规定了建模的过程和方向，从而造成了系统描述不是唯一的。建模的目的对模型的形式有很大的影响，在不同的建模目的下，同一个行为有时可以定义为系统内部的作用，有时又可以定义为系统边界上的输入变量。同样地，如果仅需要了解系统与外界相互作用的关系，那么可以建立一个以输入/输出为主的系统外部行为模型，而若需要了解系统的内在活动规律，就要设法建立一个描述系统输入集合、状态集合及输出集合之间关系的内部结构状态模型。由此可见，建立系统模型的目的是建模过程的重要信息来源之一。

（2）先验知识。很多的实际系统已经被前人研究过，而且有些部分经过长期的研究已积累了丰富的知识并形成了一个科学分支。在这个分支中，已经发现了许多的原理、定理和模型。前人的研究成果可以作为后人解决问题的起点。另一类重要的先验知识是专家经验。专家经验虽然没有达到科学定理之类的系统化程度，但它包含重要的科学知识和道理。因此，在建立系统模型的过程中，从与系统有关的已有的知识出发，充分利用专家的经验，可以提高建模的速度和建模的正确性。如果相同的或相关的过程已经有其他建模者为了类似的目的而进行过研究分析，而且证明了结论是正确的，那么就没有必要重复这部分工作，可以将这些先验知识作为建模的信息来源。

（3）实验数据。建模过程的信息来源也可以通过对系统进行实验和观察得到。在系统建模过程中，仅有先验知识是不充分的。先验知识尤其是与系统相关学科中的原理和定理是具有普遍性的，而实际系统除了适用普遍的原理之外，还有特殊性。即使是两个相同的系统，在不同的环境条件下，所表现的特性也不会完全一样。因此，对实际系统的实验和测量是掌握系统自身特性的重要手段。通过实验可以获得一定数量的实验数据，这些实验数据是建立系统模型的又一个重要信息来源。

三、企业基本价值流模型

目前，已经建立或正在完善的企业模型主要有产品模型、功能模型、组织模型、信息模型、资源模型、过程模型、知识模型等，在经济方面基本上只涉及投入产出函数和企业经济效益评价（主要为 ABC 计算法），而 ERP 的内涵是管理整个供需链，财务方面主要是附属物流的价值计算。总之，基于状态方程全面系统描述企业价值流运动的模型此前暂未出现。本书试图构建企业基本价值流模型，再现企业价值流动过程，揭示企业价值运动规律，为预测企业价值运动的结果、预警企业财务危机奠定基础，为企业决策提供强有力的支持。

第二节　企业基本价值流模型的构建基础

一、企业基本价值流模型的构建目标和基本特征

（一）企业基本价值流模型的构建目标

企业基本价值流模型的构建目标是：

（1）利用数学模型系统描述企业基本的价值运动（价值流动、增值过程），深刻揭示企业价值运动规律，以增强对企业价值运动的理解。

（2）全面研究影响企业价值运动的各种作用力（作用点、作用过程），分析它们的作用后果，为预测企业价值运动的结果、预警企业财务危机奠定基础。

（3）利用仿真技术，结合企业参考模型，可以模拟企业不同的财务、经营、战略决策的未来结果，为企业决策提供强有力支持。

（二）生产型企业基本价值流模型的基本特征

Ross（1977）指出，任何建模技术都应该具有以下的基本特性：① 定义模型的目的：建模是为了什么；② 定义模型的范围：说明模型覆盖的领域和范围；③ 定义模型的视觉：模型描述了现实世界哪些方面的特性，有哪些特性被忽略掉；④ 定义模型的细致程度：模型的精度和模型的颗粒度[93]。

因此，生产型企业基本价值流模型应当具有以下基本特征：

（1）目的。生产型企业基本价值流模型的目的：用数学模型系统描述企业基本的价值运动规律；全面研究影响企业价值流动的各种作用力（作用点、作用过程）及其作用后果，为预测企业价值运动的结果、预警企业财务危机、模拟仿真企业决策奠定基础。

（2）范围。生产型企业基本价值流模型的范围：生产型企业，即以组织产品生产并通过销售所生产的产品为主要功能的企业。

（3）视觉。生产型企业基本价值流模型的视觉：价值流，即企业内部的价值运动和增值过程。

（4）细致程度。生产型企业基本价值流模型的细致程度：大粒度，即只关心最上层基本组成单元，对于相同功能的部分都予以合并简化。

二、生产型企业基本价值流模型的建模信息源

企业建模是一个知识密集型的工作，不仅需要建模者能够很好地掌握企业建模的基本原理和方法，还需要建模者对企业的生产经营过程有深入的了解，并且具有丰富的企业建模经验。企业建模可以看成是建模者对相应信息加工、整理的过程。

系统建模的信息源主要来自建模目的、先验知识和实验观测数据三个方面。在传统系统建模方法中，先验理论一般是充分可用的、确定的。因此在系统建模中，特别是建立模型框架阶段，先验知识起着主要的作用。但在复杂系统建模中，先验理论往往是不充分的甚至是不可用的。因此，复杂系统的建模过程需要对一切可用的信息源加以集成，将一切可用的先验知识、专家经验及观测数据，包括定性的和定量的、精确的和模糊的、形式化的和非形式化的全部集成起来，加以利用。这是复杂系统建模方法的一个重要特征。

企业作为一个复杂系统，其基本价值流模型建模的信息源主要是建模目的和先验知识，因为对企业进行实验往往不可行。建模目的已经在

2.2.1 部分明确指出，本小节只讨论先验知识中的学科知识，主要是工业工程、企业管理和财务理论。下面总结这些理论对企业的描述。

（一）企业的基本活动

企业的活动大体上划分为三类：

（1）生产活动。生产活动解决的主要问题是用多少投入、什么技术、生产多少产品。

（2）管理活动。管理活动解决的主要问题是怎样有效管理和利用企业组织的各种资源，达到企业的经营目的。

（3）市场活动。企业市场活动主要包括：要素市场上的活动，解决的主要问题是如何取得生产、管理用的原材料、劳动力、固定资产，解决要素投入的搭配问题；产品市场上的活动，解决的主要问题是如何把企业的产品推向市场、占领市场，从而在竞争中取胜；资本市场上的活动，解决的主要问题是如何进行有效的投融资活动和资本运作，使企业的价值达到最大化。在现代企业中，企业在产品市场上的活动和资本市场上的活动是紧密联系在一起的。

在这三类活动中，管理活动是企业活动的中枢，生产活动和市场活动是由管理活动来规划的。如果说生产活动是"企业的手"、市场活动是"企业的脚"的话，那么管理活动就是"企业的大脑和神经"。

图 2-1 描述了企业在市场中的三大基本活动。

图 2-1　企业的三大基本活动

当然，上述三种活动只是大致的分类，它们之间并没有严格的界限，而是经常交叉在一起的，这种分类的分析方法只是为了理解上的方便，真正操作企业的人要把这几种活动有机地统一在一起，才有可能搞好企业。

（二）企业的人、财、物

去过工厂、逛过商店的人都知道，任何一个企业都应具备一定数量的人、财、物，才有可能顺利地开展生产经营活动。就人而言，确切是指人力资源，具体包括厂长（经理）、各职能部门的管理人员、车间或柜组的生产工人和营业人员等。从物来看，它包括各种房屋建筑物、办公用品、机器设备、原材料、产成品或商品等。企业的人和物都是有形的、直观的和具体的，人们十分熟悉。但谈到企业的财，人们常常把它误解为库存现金和银行存款。实际上，企业的财即财力，是一个具体而又抽象的概念。所谓具体，是指企业的库存现金和银行存款的确属于财或财力；所谓抽象，则指企业的财或财力又属于一种价值符号。按照马克思主义政治经济学的观点，任何商品都具有使用价值和价值两重性，甚至货币这种特殊商品，也具有使用价值和价值。对于企业的财，经济管理科学中通常是从价值符号的角度加以理解的：财即资金，是社会再生产的垫支价格的周转价值，是"生钱的钱"。至于为什么有时称"财"，有时称"资金"，不过是语言上的约定俗成。

企业的经营管理是一个复杂的系统工程。在开展企业管理工作中，人、财、物所处的地位是不同的。其中，人是起主导和决定作用的，财和物是人们管理的主要对象。通过对人的组织和管理工作，借助人对财和物的管理，就可能有效地实现企业管理的各项职能。很明显，人对财和物的管理，大体上是从价值和使用价值两个方面进行的。对财的管理，相当于从价值方面进行管理；对物的管理，则相当于从使用价值方面进行管理。

客观事物总是处于运动之中的。企业的物的运动，构成了物资流动，如工业企业的物资流动为：现金、银行存款→原材料→在产品→半成品→产成品→现金、银行存款；商品流通企业的物资流动为：现金、银行存款→库存商品→现金、银行存款。企业的财的运动，构成了资金（价值）的运动，如工业企业的资金运动为：货币资金→原材料资金→在产品资金→半成品资金→产成品资金→货币资金；商品流通企业的资金运动为：货币资金→库存商品资金→货币资金。在企业的生产经营过程中，除了人员的流动（如聘任→培训→上岗→辞退）相对独立外，物资流动与资金运动是密不可分、相伴相随的。

（三）企业资金的运动过程

在企业生产经营活动中，资金运动和物资运动是相互联系又相互独立的两个方面。其中物资运动是资金运动的基础，资金运动是物资运动的表现形式，物资运动是借助于资金运动来实现的。而企业的资金运动又是通过资金的筹集、使用和分配等活动来实现的。企业的资金运动一般包括下列几个相互联系的过程。

1. 资金筹集

在商品经济条件下，筹集资金是企业进行生产经营活动的前提，企业如果没有筹集到必要的资金，生产经营活动所必需的物质技术基础就无法建立。企业筹集资金可以根据国家法律、法规的规定，采取国家投资、各方集资或者发行股票等方式筹集。投资者可以用现金、实物、无形资产等形式向企业投资。企业还可以通过银行和非银行金融机构借款以及发行债券等方式获得借入资金。企业在购销活动中还与其他单位发生经济往来，形成应付及预收款等商业信用。企业借入资金、发行债券、应用预收及应付款等，就是企业负债。

资金筹集是企业一项重要的财务活动，它包括确定资金需要量，选择筹资来源、渠道和方式等。资金进入企业，就是资金运动的起点，是财务管理活动的基本环节。

2. 资金运用

资金运用就是把筹集到的资金合理地投放到生产经营活动过程的各个方面。从整个企业来考察，企业筹集到的资金，一部分用于建造或购买生产经营所需要的房屋、建筑物、机器设备、原材料、商品等物资和购买专利权、非专利技术、商标权等非实物资产；一部分用于支付生产经营的各种费用；一部分用于对外投资；此外，还保持一定数量的货币资金。资金经过投放和运用，形成企业的各项资产。例如企业拥有的现金、各种存款、短期投资、存货（包括原材料、燃料、低值易耗品、在制品、半成品、产成品以及商品等）、应收及预付款等，形成企业的流动资产；企业拥有的房屋、建筑物、机器设备、运输设备、工具器具等，形成企业的固定资产；企业拥有的专利权、非专利技术、商标权、土地使用权等形成企业的无形资产；企业根据法律、法规的规定，以现金、实物、无形资产等向其他单位投资或者购买股票、债券等有价证券，形成企业的对外投资。

从生产经营活动过程的资金运动方面来考察，不同行业的生产经营有不同的特点。在工业企业中，企业的生产经营过程分为供应、生产和销售三个阶段。在供应阶段，企业将筹集的资金，一方面用来兴建厂房建筑物、购买机器设备和各种管理用具，以建立生产经营所必需的劳动手段，这样货币资金形态就转化为固定资产形态；另一方面用货币资金购买各种原材料等劳动对象，以建立生产经营所必需的物资储备，这样企业资金就由货币资金形态转化为储备资产形态。在生产阶段，工人借助劳动手段作用于劳动对象，使固定资产和储备资产发生耗费。由于生产行为本身就它的一切要素来说也是消费行为，因而通过原材料的耗用（劳动对象的消耗）、工资（支付活劳动的报酬）和其他费用的支付、固定资产折旧的计提（劳动资料的消耗）等经济业务，企业的资金从原材料形态、货币形态和固定资产形态转化为在产品形态（生产成本），以及其他一些不计入产品成本而单独归集的期间费用（如管理费用、财务费用、销售费用）。一定数量的在产品在生产完工以后，资金从在产品形态转化为产成品资金形态。这时的产成品资金已包含劳动者新创造的价值量。在销售阶段，主要的经济业务是把产成品销售出去，取得货币收入。通过产品销售，实现商品价值和资金的增值。通过这类经济业务，资金就从产成品资金形态转化为货币资金形态，即资金又重新回到货币形态。当然，企业的货币收入抵补产成品生产成本和那些不计入产品成本而单独归集的费用、流转税后就可计算出营业利润（或亏损）。

3. 资金分配

资金分配是指企业将取得的营业收入和利润进行分配。企业的营业收入首先要用来补偿生产耗费，以保证企业再生产的继续进行。企业的营业收入扣除成本、费用和各种流转税以及附加税以后的数额，就是营业利润。企业对外投资的收益扣除投资损失以后的数额就是投资净收益。企业的营业利润、投资净收益和营业外收支净额构成企业的利润总额。企业利润按照国家规定做相应的调整后，依法缴纳所得税。税后利润应按规定的顺序进行分配。经过资金分配，缴纳税费的资金、归还银行等各项借款的资金以及分配给投资者的利润等资金就退出企业。

企业的资金每经过这一系列变化，运动的出发点货币资金形态就变成了回归点货币资金形态，如工业企业的资金从货币资金形态开始，经过供应、生产和销售三个阶段，再回到货币资金形态，这被称为资金循环，不断重复的资金循环即是资金周转。工业企业再生产过程中的资金运动，如图 2-2 所示。

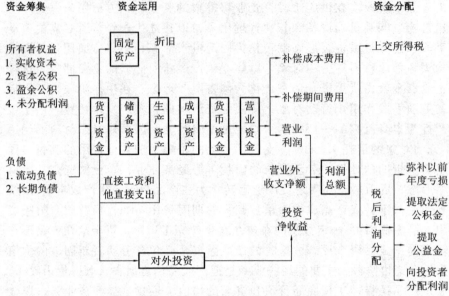

图 2-2　工业企业再生产过程中的资金运动

（四）企业经营资金周转的不平衡性

企业经营资金周转过程中，每次循环的起点（货币）与终点（货币）往往是不等额的。企业经营资金周转的这种不平衡性主要是由下列因素引起的：资金筹集（吸纳投资、举债）、资金退出（缴纳税金、分配利润、分派股利、偿还借款）、往来账款、利润或亏损。其中最经常发生的是往来账款、利润（或亏损）。

（1）往来账款。大部分企业都采用商业信用方式采购原材料或商品、销售产品或商品。商业信用有利于扩大业务，同时也会引起企业之间的往来账款，如应收账款和应付账款。往来账款是导致企业经营资金周转不平衡的一个经常性因素。

（2）利润（或亏损）。企业在生产经营活动中的耗费（成本、费用）与收回（收入）一般是不相等的。当收入大于成本、费用时，就形成了利润；当收入小于成本、费用时，就发生了亏损。无论是利润还是亏损，都将打破企业经营资金周转的平衡。

第三节　生产型企业基本价值流模型

一、模型假设

企业是个非常复杂的概念，涉及不同的经营性质、组织结构、产权关系、工艺过程、资源、知识等，单一模型不可能反映所有这些特性。所以，企业模型是多视图的。本研究的企业模型是生产型企业基本价值流模型，它基于以下假设：

（1）独立法人。有独立的资本，依法独立纳税、独立经营、独立承担民事责任。

（2）生产型企业。主要从事产品加工生产业务，并通过销售实现利润。

（3）产品为竞争性的普通商品。需求函数中销量与价格负相关，且具足够的需求弹性。

（4）单生产线（或者可以看成单生产线）。如果企业内部虽有多个生产部门，但各生产部门的产品形成工序关系，或各生产部门的产品为同类相似产品，且各生产部门仅从事生产没有对外销售权，则这些生产部门作为一个整体可看成单生产线。

（5）企业的经营管理决策和外界作用最终都会反映为价值运动，可以用价值及其变化来描述。

二、模型结构及说明

基于前述的模型假设和生产型企业基本价值流模型的构建基础，作者提出如下模型结构（图 2-3）并作详细描述。

（一）企业边界

虚框表示企业的边界。框内是企业本身，主要由管理部门、生产线、原材料仓库、设备仓库、成品仓库、销售部门等组成。框外是外部环境，包括外部相关单位和自然，其中与企业相关的外部单位主要有供应商、顾客、投资人、银行、税务局、接受投资的企业。有向线段表示价值流动，西文符号代表系统的变量。

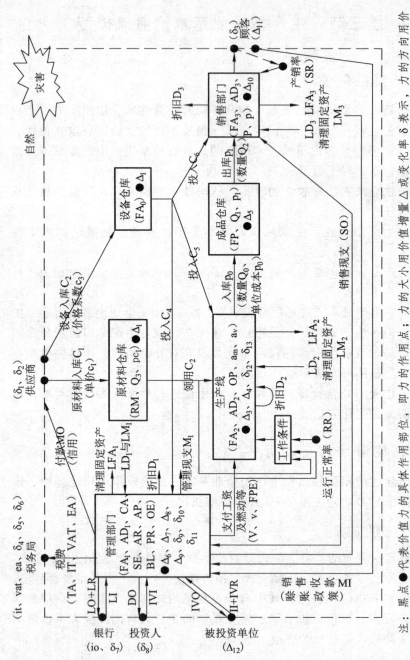

图 2-3　企业基本价值流模型结构

注：黑点 ● 代表价值力的具体作用部位，即力的作用点；力的大小用价值增量 □ 或变化率 δ 表示，力的方向用价值增量或变化率的正负表示。

（二）企业组成单元

1. 管理部门

在本模型中，管理部门是企业的代表，是企业现金的储存器，负责有价证券、债权资产的保管。它代表企业收取销售款、支付货款、交付税费、接纳投资与支付股利、办理借款与归还本息、对外投资与收回本息；安排生产与支付工资；发生管理现金支出，以及折旧费用。与它相联系的外部单位主要有顾客、供应商、税务局、银行、投资人、被投资单位等。

管理部门涉及的参数有：部门本身的固定资产价值原值 FA_1（含各仓库本身的固定资产）、累计折旧 AD_1、管理现支 M_1（包括办公费用和管理工资，假设所有低耗办公品现购现支，并立即计入费用）、折旧 D_1、保管的现金余额（包括银行存款）CA、有价证券余额 SE、应收款余额 AR、应付款余额 AP、支付生产性人工费及水电能动费 V（包括生产工人工资、车间管理人员、仓库保管工资、维修支出等，水电、外购能源动力中不能列入存货的部分，单位产品平均费用）、支付销售部门开支 SO、管理部门领用设备价值 C_4、收款 MI、采购材料和设备付款 MO、税费 TA、银行贷入 LI、支付利息 IO、归还本金 LR、贷款余额 BL、接受投资人投入 IVI、支出股利 DO、对外投资投出 IVO（购买有价证券）、收到有价证券利息 II、收回有价证券本金 IVR、所得税 IT、增值税 VAT、城市建设费和教育费附加 EA、利润 PR、所有者权益 OE、清理固定资产的原值 LFA_1、其对应累计折旧 LD_1、清理收入 LM_1。

2. 生产线

生产线是企业的价值转换器，也有一定的储存功能，它把原材料价值、人工价值（含燃动、设备维修费用等）和本身的折旧转换成产品价值。但转换需要同时满足以下条件：原材料充足且结构合理、人工充足、设备运转正常。它接受原材料仓库的原材料、设备仓库的设备，生产出的产品流出至产品仓库。

生产线涉及的参数有：生产线的固定资产价值原值 FA_2、累计折旧 AD_2；生产线领用设备价值 C_5、领用原材料价值 C_2、花费人工费 V（包括生产工人工资、车间管理人员、仓库保管工资、维修支出等，水电、外购能源动力中不能列入存货的部分，由管理部门统一支付）、折旧 D_2、原材料消耗系数 a_m、人工消耗系数 a_v、单位人工工时成本 v、产品生产

量 Q_0、入库价值 P_0（单位成本 p_0）（废品损失等计入成本，不单独核算）、运行利用率 RR、在产品价值 OP、当年清理固定资产的原值 LFA_2、其对应累计折旧 LD_2、清理收入 LM_2。

3. 原材料仓库

原材料仓库是个储存器。原材料由供应商流入，流出到生产线。

原材料仓库涉及的参数有：原材料入库价值 C_1（按照税法 C_1 中未含增值税）、平均单价 c_1（按原材料结构平均）、出库价值 C_2、原材料库存余额 RM、数量 Q_3、平均单价 pc_1。

4. 设备仓库

设备仓库是一个储存器，在建工程视同仓库中的设备（在建工程本来有价值组合、转换发生，但本模型不予考虑）。设备由供应商流入，流出到生产线和管理部门。

设备仓库涉及的参数有：设备入库价值 C_3（按照税法 C_3 中含增值税），价格系数 c_3（可以认为是生产资料物价指数加 1）、管理部门领用设备价值 C_4、生产线领用设备价值 C_5、销售部门领用设备价值 C_6；库存设备余额 FA_0。

5. 成品仓库

成品仓库是个储存器，产品由生产线流入，流出到客户。

成品仓库涉及的参数有：产品入库数量 Q_0、价值 P_0（单位成本 p_0）、产品出库数量 Q_2、价值（成本）P_1、库存产品余额 FP、数量 Q_1、单位成本 p_1。

6. 销售部门

销售部门组织产品销售。

销售部门涉及的参数有：销售收入 P、销售量 Q_2、销售单价 p、产销率 SR、销售费用支出 SO（包括销售工资、办公费、差旅费、广告等，由管理部门支付）、销售部门固定资产原值 FA_3、累计折旧 AD_3、领用设备价值 C_6、折旧的 D_3、清理固定资产的原值 LFA_3、其对应累计折旧 LD_3、清理收入 LM_3。

（三）企业的外部环境

1. 供应商

供应商提供原材料和设备，向企业收取货款。供应商对企业的主要影响是原材料和设备的价格。

2. 顾客

顾客接受企业的产品，向企业支付货款。顾客对企业的主要影响是产品销售的价格和数量。

3. 投资人

投资人向企业投入资金，赚取企业的股利。投资人对企业的影响很多，本书只考虑投资人对现金股利的要求。

4. 银行

银行给企业贷款，收取利息、收回本金。银行对企业的主要影响是利率的高低、贷款条件的宽严。

5. 税务局

税务局收缴税费（本书假定所有税费均由税务局收缴）。税务局对企业的主要影响是税费率的高低。

6. 被投资企业

被投资企业发行有价证券，接受企业投资，支付利润（利息）、归还本金。它对企业的影响是利润（利息）率高低，能否严格履行契约。

7. 自然

自然是指可以产生自然力的广义自然界。自然力指重大环境突变、冲击，包括自然灾害、自然环境的变化、新法律的颁布、突然中止合同、战争、罢工、交通运输事故、停电事故等。自然力可以造成企业严重财产损失、停工、销售受阻（如交通中断）等。

（四）多回路网络

从图 2-3 看出，企业基本价值流模型包含多个闭环回路，呈现网络化结构。从控制论的角度看，它存在闭环回路，就意味着有反馈。反馈是在自然科学和社会科学领域里普遍使用的一个概念。所谓反馈，就是把系统末端的某个或某些量用某种方法或途径送回始端。用来实现反馈的一定方法或途径所构成的环节，就叫反馈环节。就某一系统而言，存在着多种模式的反馈环节。系统不加入反馈环节，就叫开环系统；系统加入反馈环节，就叫闭环系统。

从反馈对系统所产生的作用来分，反馈分为正反馈和负反馈。正反馈可对系统的某个功能起到增强的作用，负反馈则可对该功能起到削弱的作用。把系统末端的某个或某些量用某种方法或途径送回始端，从而使系统末端再次输出的量的变化趋势增强，就叫正反馈。通俗地说，正反馈就是"强者恒强，弱者恒弱"。比如，"现金余额不足→支付困难→原材料进货困难→生产受阻→产品库存不足→销售下降→现金流入减少→现金余额不足"，就是一个恶性正反馈。系统的恶性循环同良性循环一样都是正反馈机制在起作用。计划、预算制度可以产生负反馈作用，对企业起稳定作用。

管理行为可以通过调节反馈环节改变反馈作用的大小，甚至通过加入外界刺激改变反馈作用的性质。如在上述"现金余额不足"的恶性正反馈中，通过短期贷款缓解生产资金压力（刺激），如果产品适销对路，就有可能打破恶性循环，走上良性循环的道路。

（五）非线性时变

线性与非线性是描述量与量之间的不同函数关系，数学上将直线定义为线性的，不是直线的曲线皆为非线性的。换句话说，在直角坐标系中，线性是用一根直线表征的，非线性是用（非直线的）曲线表征的。实际的物理元件都存在一定的非线性，例如弹簧系数是位移的函数，电阻、电容、电感与工作环境、工作电流有关等。典型非线性环节有继电特性、饱和特性、死区特性、间隙特性（见图2-4）。

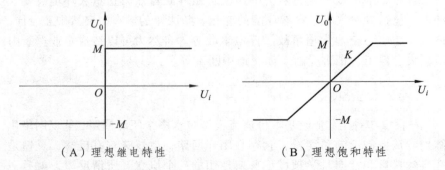

（A）理想继电特性　　　　　　　（B）理想饱和特性

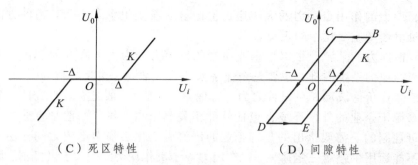

（C）死区特性　　　　　　（D）间隙特性

图 2-4　典型非线性环节特性

从构成系统的环节看，企业基本价值流模型中也包含非线性环节。企业中的非线性环节至少有：① 各种资产的余额不能小于零；② 生产线最大产量受设计能力制约，实际产量不能超过最大生产能力；③ 生产线的正常工作需要同时满足多个条件，否则生产进程为零。上述①②可以看成理想饱和特性或其变形，③ 可以看成死区特性。

不含非线性环节的系统叫线性系统，线性系统的性质有可叠加性和均匀性（齐次性）。含有一个或一个以上非线性环节的系统叫非线性系统。非线性系统还可分为非线性时变系统与非线性定常系统。所谓时变，就是系统参数随时间变化；所谓定常，就是系统参数是随时间变化的常数。企业含非线性环节，并且其结构参数是随时间变化的，因此企业是非线性时变系统。

（六）企业所受的主要价值力

现有文献对企业财务危机的原因分析，一般局限于因素分析。因此彭韶兵和邢精平（2005）认为，所谓"企业失败的原因"更科学的叫法应该是"影响企业失败的因素"[31]。本书认为，财务危机机理研究不能仅停留在"因素分析"层面，因为因素分析对企业价值流的研究只能是定性的，无法达到定量的阶段。本书借用物理学中的"力"的概念来描述企业的价值流所受到的影响：可以把企业这个系统，严格地说，把企业的价值运动，作为"受力体"，而把影响企业价值运动的企业内外变化称为"力"，即价值力。

描述一个力，需要三个参数：作用点、作用大小、作用方向。企业所受到的价值力也不例外。在图 2-3 中，黑点●代表价值力的具体作用部位，即力的作用点；力的大小用价值增量△或变化率δ表示，力的方向用价值增量或变化率的正负表示。

根据力的来源，可以把企业所受的价值力分为内力和外力。内力来源于企业的系统内部，主要是企业中人的管理活动（决策与行为），它会造成企业价值波动，可以称之为"管理力"。内力一般是企业可控的。外力来源于企业的外部环境，包括外部相关单位和自然，一般是企业本身不可控制的。需要指出的是，企业的价值流变化必须考虑内力的作用，而不能运用牛顿第三定律——"作用力等于反作用力"——予以抵消，因为企业不能看成"质点"，企业中的人虽然属于企业内部，但人会释放能量（管理活动）影响企业的内部状态（就像原子核反应释放大量能量一样），而被研究的价值流首先属于企业的内部状态。

根据价值力的作用点，可以把价值力分为两类，一类是力的作用点在企业内部，直接作用于企业，称为"直接价值力"；另一类是力的作用点在企业边界，间接作用于企业，称为"间接价值力"。

根据价值力对企业价值流作用的性质，即是积极的还是消极的，可以把它们划分为"正向价值力"和"负向价值力"两类。一般来说，企业经常同时受到这两类价值力的作用，即一些力是正向作用，一些力是负向作用，并且这些力的性质是会随时间改变的。

图 2-3 中标示的价值力，其范围确定依据人们的日常经验和已有的实证研究结果，包括了人们所知的企业所受的主要价值力。下面作者按照力的作用点，对企业可能受到的主要价值力分述如下。

1. 直接价值力

① 作用于原材料仓库位置的力：会造成原材料等资产丢失或报废，引起存货价值损失；或者管理改善挽回损失或使每期的损失减少。

Δ_1 表示价值力造成的原材料损失（忽略原材料损失引起的增值税借项转出）。

② 作用于设备仓库位置的力：会造成设备丢失或报废，引起设备（在建工程）价值损失；或者管理改善挽回损失或使每期的损失减少。

Δ_2 表示价值力造成的设备（在建工程）价值损失。

③ 作用于生产线位置的力：会造成生产线设备事故、在产品报废，造成相应价值损失，以及单位产品成本增加；或者管理改善挽回损失或使每期的损失减少。

Δ_3 表示价值力造成的固定资产价值损失；Δ_4 表示价值力造成的在产品价值损失（忽略在产品损失引起的增值税借项转出）；δ_{12} 表示原材料消耗率 a_m 的变化率；δ_{13} 表示人工消耗率 a_v 的变化率。

④ 作用于运行利用率位置的力：引起 MTBF 和 MTTR 变化。其中运行利用率降低可能是内部的管理失控引起的（主要由管理维护不当引起），也可能是灾害（如供电不稳）造成的，但经常源于内部管理。

生产线运行利用率：

$$RR = MTBF / （MTBF + MTTR）$$

式中：MTBF 表示平均故障间隔时间（Mean Time between Failure）；

MTTR 表示平均故障修复时间（Mean Time to Repair）。

生产线运行利用率受设备性能、维护保养等多因素影响，可以假设 RR 服从某一分布，$RR \sim \varphi_1$，比如正态分布 $N（\mu_1, \sigma_1）$（其中 $0 \leqslant \mu_1 \leqslant 1$，$\sigma_1 \geqslant 0$），价值力引起 μ_1，σ_1 变化。

约束条件下的实际最大产量：

$$RMP = MDP \times RR$$

⑤ 作用于成品仓库位置的力：会造成产成品丢失或报废，引起产成品价值损失；或者管理改善挽回损失或使每期的损失减少。

Δ_5 表示价值力造成的产成品价值损失（忽略产成品损失引起的增值税借项转出）。

⑥ 作用于销售部门位置的力：会造成固定资产丢失或报废，引起固定资产价值损失；或者管理改善挽回损失或使每期的损失减少。

Δ_{10} 表示价值力造成的固定资产价值损失。

⑦ 作用于产销率位置的力：引起产销率变化。

产销率：

产销率 = 产品销售产值 / 工业总产值

即　　　$SR = Q_2 / Q_1$

由于产销率受管理水平（销售策略、价格政策等）、运输条件、突发事件等的影响，产销率突然大幅下降可能由销售组织不力引起，也可能由外部灾害引起（如交通中断发货困难）。

可以假设 SR 服从某一分布，$SR \sim \varphi_2$，比如正态分布 $N（\mu_2, \sigma_2）$

（其中 $0 \leqslant \mu_2 \leqslant 1$，$\sigma_2 \geqslant 0$），价值力引起 μ_2，σ_2 变化。于是

$$Q_2 = Q_0 \times SR$$

⑧ 作用于管理部门位置的力：管理改善或失控。其中，管理失控会引起管理费用、销售费用、生产工人工资及燃动费用等支出剧增，现金、应收账款、有价证券等资产损失，可能由内部管理松懈引起，也可能由外部灾害引起（如管理部门遭到暴力抢劫、关键领导被害等），但经常源于内部管理。

Δ_6 表示价值力造成的现金损失；

Δ_7 表示价值力造成的固定资产损失；

Δ_8 表示价值力造成的应收款损失；

Δ_9 表示价值力造成的有价证券损失。

由于预付、赊购（分期付款）等方式的存在，现金流出与原材料（设备）流入在时间上、数量上不完全同步；同样地，由于预收、赊销（分期付款）等方式的存在，现金流入与产品销售流出在时间上、数量上不完全同步。这增加了理财的复杂性。

收款由赊销政策决定：

本期收款=f_1(本期销售，期初应收账款余额，t)

即　　　$MI(t) = f_1(P(t)，AR(t-1)，t)$

付款由赊购政策决定：

本期付款=f_2(本期采购，期初应付账款余额，t)

即　　　$MO(t) = f_2(C_1(t)，C_3(t)，AP(t-1)，t)$

δ_9 表示管理现支变化率，即

$$d(M_1)/dt = \delta_9$$

δ_{10} 表示单位人工价格的变化率，即

$$d(v)/dt = \delta_{10}$$

δ_{11} 表示销售支出变化率，即

$$d(SO)/dt = \delta_{11}$$

直接价值力可能是内力，也可能是外力，但经常源于内部管理。直接价值力的性质应当区分情况，如果是外力，一般都是负向作用；如果是内

力，则可能是正向作用，也可能是负向作用，应该站在增量比较的角度看待问题，如：作用于原材料仓库位置的力，原材料只能丢失或报废，不可能自然生长出来，但如果管理加强使损失减少，直接价值力就是正向作用。

2. 间接价值力

⑨ 作用于原材料供应位置的力：原材料市场的变化，影响原材料单价，负向作用为原材料涨价，正向作用为原材料跌价。

涨价率 $d(c_1)/dt=\delta_1$

⑩ 作用于设备供应位置的力：设备市场的变化，影响设备价格，负向作用为设备涨价，正向作用为设备跌价。

涨价率 $d(c_3)/dt=\delta_2$

⑪ 作用于顾客位置 1 的力：销售市场变化，影响销售价格和销量，负向作用为市场恶性竞争（如价格战）价格下跌，正向作用为市场需求旺盛价格上升。

涨价率 $d(p)/dt=\delta_3$

⑫ 作用于顾客位置 2 的力：顾客信用变化，影响应收账款回笼速度，负向作用为货款回笼困难、应收账款周转率下降、坏账损失增加，正向作用为应收账款回笼加速、坏账损失减少。

Δ_{11} 表示价值力造成的应收款损失。

⑬ 作用于税务局（收费单位）位置的力：税（费）率变化，负向作用为税（费）率提高，正向作用为税（费）率下降。

$d(it)/dt=\delta_4$

$d(vat)/dt=\delta_5$

$d(ea)/dt=\delta_6$

式中：it 表示所得税税率；vat 表示增值税税率；ea 表示税费附加率。

⑭ 作用于银行位置的力：贷款市场变化，负向作用为利率升高或贷款资格要求更严，正向作用为利率下降或贷款资格要求放宽。

$d(io)/dt=\delta_7$

式中：io 表示利率。

⑮ 作用于投资人位置的力：资本市场变化，负向作用为市场要求的

股利率提高或融资资格条件更严，正向作用为市场要求的股利率下降或融资资格条件放宽。

$$\mathrm{d}(DO)/\mathrm{d}t=\delta_8$$

⑯ 作用于接受投资单位位置的力：主要考虑被投资企业信用变化，负向作用为不能按期收到投资利息和本金，正向作用为投资收益增加。

Δ_{12} 表示作用力造成的投资损失。

间接价值力都是外力，企业不能加以控制。但是外力必须通过一定的途径才能传导、影响到企业，这为企业采取措施规避或减少其不利影响创造了可能性。比如对付间接价值力⑨⑩⑪的不利影响，可以采用期货等金融工具之类的措施；对付间接价值力⑫的不利影响，可以采取完善信用政策之类的措施；对付间接价值力⑬的不利影响，可以采取税务筹划之类的措施；对付间接价值力⑭⑮的不利影响，可以采取融资策划之类的措施；对付间接价值力⑯的不利影响，可以采取投资组合之类的措施。总之，企业在外力面前并非完全是无所作为的，而是可以并且应该所作为，这正是企业风险控制、财务管理的重要任务。

当然，某些间接价值力的最终根源也可能是自然，如粮食类原材料的涨价可能源于恶劣天气导致的粮食大量减产。因此，自然不但可能直接作用于企业内部，也可能通过作用于企业的外部相关者而间接作用于企业。

（七）主要参数一览表

综上所述，可以得到主要参数一览表，如表 2-1 所示。

表 2-1　主要参数一览表

参数代号	名称	特性	取值范围
AD_1	管理部门固定资产累计折旧		大于零
AD_2	生产线固定资产累计折旧		大于零
AD_3	销售部门固定资产累计折旧		大于零
a_m	原材料消耗系数		大于零
AP	应付款余额		大于等于零
AR	应收款余额		大于等于零
a_v	人工消耗系数		大于零
C_1	原材料入库价值		大于等于零

续表

参数代号	名称	特性	取值范围
c_1	原材料入库单价		大于零
C_2	领用原材料价值		大于等于零
C_3	设备入库价值		大于等于零
c_3	设备单价		大于零
C_4	管理部门领用设备价值		大于等于零
C_5	生产线领用设备价值		大于等于零
C_6	销售部门领用设备价值		大于等于零
CA	现金余额	饱和特性(变形)	大于等于零
D_1	管理部门本身的固定资产折旧		大于零
D_2	生产线的固定资产折旧		大于零
DO	支出股利		大于等于零
EA	教育费附加		大于等于零
ea	教育费附加率		大于零
FA_0	库存设备余额		大于等于零
FA_1	管理部门本身的固定资产原值		大于零
FA_2	生产线的固定资产原值（包括各仓库本身的固定资产）		大于零
FA_3	销售部门本身的固定资产原值		大于零
FP	库存产品余额		大于等于零
FPE	生产线人工费用固定部分		大于零
IO	支付银行利息		大于等于零
IT	所得税		大于等于零
it	所得税税率		大于零
IVI	投资人投入		大于等于零
IVO	对外投资投出（购买有价证券）		大于等于零
IVR	收回有价证券本金		大于等于零

参数代号	名称	特性	取值范围
LD_1	管理部门清理固定资产对应的折旧		大于等于零
LD_2	生产线清理固定资产对应的折旧		大于等于零
LD_3	销售部门清理固定资产对应的折旧		大于等于零
LFA_1	管理部门清理固定资产的原值		大于等于零
LFA_2	生产线清理固定资产的原值		大于等于零
LFA_3	销售部门清理固定资产的原值		大于等于零
LI	银行贷入		大于等于零
LM_1	管理部门清理固定资产的现金收入		大于等于零
LM_2	生产线清理固定资产的现金收入		大于等于零
LM_3	销售部门清理固定资产的现金收入		大于等于零
LO	贷款余额		大于等于零
LR	归还本金		大于等于零
M_1	管理现支（包括办公和管理工资）		大于零
MDP	生产线设计最大产量	饱和特性	大于零
MI	收款	依据赊销政策	大于等于零
MO	付款	依据赊购政策	大于等于零
OE	所有者权益		
OP	在产品价值		大于等于零
P	销售收入		大于等于零
p	产品销售单价		大于零
p_0	产品单位成本		大于零
P_1	产品出库价值（生产成本）		大于等于零
p_1	库存产品单位成本		大于零
pc_1	原材料平均单价		大于零
PR	利润		
Q_0	生产量		大于等于零

续表

参数代号	名称	特性	取值范围
Q_1	产品库存量		大于等于零
Q_2	销售量		大于等于零
Q_3	原材料库存量		大于等于零
RM	原材料库存余额		大于等于零
RMP	约束条件下的实际最大产量	饱和特性	大于等于零
RR	生产线运行利用率		大于零小于一
SE	有价证券余额		大于等于零
SO	销售费用支出		大于零
SR	产销率		大于等于零
ta	所得税税率		大于零
TA	税费		大于等于零
V	生产部门工资(含仓库保管工资等)		大于零
v	单位人工价格（变动部分）		大于零
VAT	增值税		大于等于零
vat	增值税税率		大于零
δ_1	原材料涨价率		
δ_2	设备涨价率		
δ_3	产品售价涨价率		
δ_4	所得税税率变化率		
δ_5	增值税税率变化率		
δ_6	税费附加率变化率		
δ_7	银行利率变化率		
δ_8	现金股利变化率		
δ_9	管理现支变化率		
δ_{10}	单位人工价格的变化率		
δ_{11}	销售支出变化率		

参数代号	名称	特性	取值范围
δ_{12}	单位产品原材料消耗率的变化率		
δ_{13}	单位产品人工消耗率的变化率		
Δ_1	作用于原材料仓库的价值力大小	原材料价值损失	
Δ_2	作用于设备仓库的价值力大小	设备价值损失	
Δ_3	作用于生产线固定资产的价值力大小	固定资产价值损失	
Δ_4	作用于生产线在产品的价值力大小	在产品价值损失	
Δ_5	作用于产品仓库的价值力大小	产成品价值损失	
Δ_6	作用于管理部门现金的价值力大小	现金价值损失	
Δ_7	作用于管理部门固定资产的价值力大小	固定资产价值损失	
Δ_8	作用于管理部门应收款的价值力大小	应收款价值损失	
Δ_9	作用于管理部门有价证券的价值力大小	有价证券价值损失	
Δ_{10}	作用于销售部门的价值力大小	固定资产价值损失	
Δ_{11}	作用于顾客的应收款的价值力大小	应收款价值损失	
Δ_{12}	作用于对外投资的价值力大小	对外投资价值损失	

三、数学模型

（一）相关方程

数学模型，即描述系统输入输出变量及内部各变量间关系的数学表达式。以表示存量的变量作为输出变量，以表示流量的变量作为输入变量，根据以上结构描述，分别用差分方程和微分方程得到相关数学表达式。

1. 原材料库

本期末原材料库存余额(RM)

＝上期末原材料库存余额(RM)＋本期($C_1 - C_2 - \Delta_1$)

或者　　　　　$\mathrm{d}(RM)/\mathrm{d}t = C_1(t) - C_2(t) - \Delta_1(t)$

本期原材料加权平均成本 $pc_1(k)$

＝$[RM(k-1) + C_1]/[Q_3(k-1) + C_1(k)/c_1(k)]$

本期末原材料库存数量(Q_3)

=上期末原材料库存数量(Q_3) + 本期入库(C_1/c_1) −

本期领用(C_2/pc_1) − 本期损失(Δ_1/pc_1)

或者　　$\mathrm{d}(Q_3)/\mathrm{d}t = C_1(t)/c_1(t) − C_2(t)/pc_1(t) − \Delta_1(t)/pc_1(t)$

2. 设备库

本期末设备库存余额(FA)=上期末设备库存余额(FA) +

本期$(C_3 − C_4 − C_5 − C_6 − \Delta_2)$

或者　　$\mathrm{d}(FA)/\mathrm{d}t = C_3(t) − C_4(t) − C_5(t) − C_6(t) − \Delta_2(t)$

3. 生产线

本期末固定资产余额(FA_2)

=上期末固定资产余额(FA_2) + 本期$(C_5 − LFA_2 − \Delta_3)$

或者　　$\mathrm{d}(FA_2)/\mathrm{d}t = C_5(t) − LFA_2(t) − \Delta_3(t)$

本期消耗原材料$(C_2)=a_m \times Q_0 \times pc_1$

本期消耗人工$(V)=a_v \times Q_0 \times v$ + 固定(FPE)

本期原材料消耗率(a_m)=上期原材料消耗率(a_m) + 本期消耗率变化(δ_{12})

或者　　$\mathrm{d}(a_m)/\mathrm{d}t = \delta_{12}(t)$

本期人工消耗率(a_v)=上期人工消耗率(a_v) + 本期消耗率变化(δ_{13})

或者　　$\mathrm{d}(a_v)/\mathrm{d}t = \delta_{13}(t)$

本期入库产品价值$(P_0)=C_2 + V + D_2 − \Delta_4(k) + OP(k−1) − OP(k)$

本期入库产品单位成本$(p_0)=P_0/Q_0$

约束条件下的实际最大产量$(RMP)=MDP \times RR$

其中：MDP 为生产线设计最大产量；$RR \sim \varphi_1$；$0 \leqslant Q_0 \leqslant RMP$。

本期末固定资产累计折旧（AD_2）

=上期末固定资产累计折旧（AD_2）+ 本期（$D_2 − LD_2$）

或者　　$\mathrm{d}(AD_2)/\mathrm{d}t = D_2(t) − LD_2(t)$

4. 成品库

加权平均成本 $p_1(k)=[FP(k−1) + P_0(k)]/[Q_1(k−1) + Q_0(k)]$

$$P_1 = p_1 \times Q_2$$

本期末库存产品余额(FP)=上期末余额(FP)+本期$(P_0 - P_1 - \Delta_5)$

或者 $\quad$ $d(FP)/dt = P_0(t) - P_1(t) - \Delta_5(t)$

本期末库存产品数量(Q_1)=上期末数量(Q_1)+本期$(Q_0 - Q_2 - \Delta_5/p_1)$

或者 $\quad$ $d(Q_1)/dt = Q_0(t) - Q_2(t) - \Delta_5(t)/p_1(t)$

5. 销售部门

$$P = p \times Q_2$$

其中：$Q_2 = Q_0 \times SR$；$SR \sim \varphi_2$。

本期末固定资产余额(FA_3)=上期末余额(FA_3)+本期$(C_6 - LFA_3 - \Delta_{10})$

或者 $\quad$ $d(FA_3)/dt = C_6(t) - LFA_3(t) - \Delta_{10}(t)$

本期末固定资产累计折旧(AD_3)

=上期末固定资产累计折旧(AD_3)+本期$(D_3 - LD_3)$

6. 管理部门

本期末现金余额(CA)

=上期末现金余额(CA)+本期$[MI - MO - M_1 - V - SO - TA + LM_1 + LM_2 + LM_3 + (LI - IO - LR) + (IVI - DO) + (-IVO + II + IVR) - \Delta_6]$

或者 $\quad$ $d(CA)/dt = MI(t) - MO(t) - M_1(t) - V(t) - SO(t) - TA(t) + (LI(t) - IO(t) - LR(t)) + LM_1(t) + LM_2(t) + LM_3(t) + (IVI(t) - DO(t)) + (-IVO(t) + II(t) + IVR(t)) - \Delta_6(t)$

本期末固定资产余额(FA_1)=上期末余额(FA_1)+本期$(C_4 - LFA_1 - \Delta_7)$

或者 $\quad$ $d(FA_1)/dt = C_4(t) - LFA_1(t) - \Delta_7(t)$

本期末固定资产累计折旧(AD_1)=上期末累计折旧(AD_1)+本期$(D_1 - LD_1)$

本期末应收款余额(AR)

=上期末应收款余额(AR)+本期$[P \times (1 + vat) - MI - \Delta_8 - \Delta_{11}]$

或者 $\quad$ $d(AR)/dt = P(t) \times (1 + vat) - MI(t) - \Delta_8(t) - \Delta_{11}(t)$

本期末应付款余额(AP)

=上期末应付账款(AP)+本期$[C_1 \times (1 + vat) + C_3 - MO]$

或者 $\quad$ $d(AP)/dt = C_1(t) \times (1 + vat) + C_3(t) - MO(t)$

本期收款$= f_1($本期销售 P，上期末应收款余额 AR，时期 $t)$

或者　　　$MI(t) = f_1(P, AR, t)$

　　　　本期付款$(MO) = f_2($本期材料采购 C_1，本期设备采购 C_3，

　　　　　　　　　　上期末应付款余额 AP，时期 $t)$

或者　　　$MO(t) = f_2(C_1, C_3, AP, t)$

　　　　本期末所有者权益余额(OE)

　　　$=$上期末所有者权益余额(OE) + 本期$(PR + IVI - DO)$

或者　　　$d(OE)/dt = PR(t) + IVI(t) - DO(t)$

　　　　本期末贷款余额(BL)=上期末贷款余额(BL) + 本期$(LI - LR)$

或者　　　$d(BL)/dt = LI(t) - LR(t)$

　　　　本期贷款利息(IO)=上期末贷款余额(BL) × 本期银行利率(io)

　　　　本期末有价证券余额(SE)=上期末有价证券余额(SE) +

　　　　　　　　　　　本期$(IVO - IVR - \Delta_9 - \Delta_{11})$

或者　　　$d(SE)/dt = IVO(t) - IVR(t) - \Delta_9(t) - \Delta_{12}(t)$

　　　　本期管理现支(M_1)=上期管理现支(M_1) + δ_9

或者　　　$d(M_1)/dt = \delta_9(t)$

　　　　本期单位人工价格(v)=上期人工价格(v) + δ_{10}

或者　　　$d(v)/dt = \delta_{10}(t)$

　　　　本期销售开支(SO)=上期销售开支(SO) + δ_{11}

或者　　　$d(SO)/dt = \delta_{11}(t)$

　　　　本期所得税(IT)=本期$(P - P_1 - M_1 - D_1 - SO - D_3 - IO + II +$

　　　　　　　　$\sum(D_i + LM_i - LFA_i) - \sum \Delta_i) \times it$

　　　　本期利润(PR)=本期$(P - P_1 - M_1 - D_1 - SO - D_3 - IO + II +$

　　　　　　　　$\sum(D_i + LMi - LFA_i) - \sum \Delta_i) \times (1 - it)$

　　　　本期增值税(VAT)=本期$(P \times vat)$ - 本期$(C_1 \times vat)$

　　　　本期税费附加(EA)=本期$(VAT \times ea)$

本期税费(TA)=本期所得税＋流转税及附加=本期$(IT)+VAT+EA$

7. 外 力

本期原材料单价(c_1)=上期原材料单价$(c_1)+\delta_1$

或者　　$\mathrm{d}(c_1(t))/\mathrm{d}t=\delta_1(t)$

本期设备价格系数(c_3)=上期设备价格系数$(c_3)+\delta_2$

或者　　$\mathrm{d}(c_3(t))/\mathrm{d}t=\delta_2(t)$

本期产品销售单价(p)=上期产品销售单价$(p)+\delta_3$

或者　　$\mathrm{d}(p(t))/\mathrm{d}t=\delta_3(t)$

本期所得税率(it)=上期所得税率$(it)+\delta_4$

或者　　$\mathrm{d}(it(t))/\mathrm{d}t=\delta_4(t)$

本期增值税率(vat)=上期增值税率$(vat)+\delta_5$

或者　　$\mathrm{d}(vat(t))/\mathrm{d}t=\delta_5(t)$

本期税费附加率(ea)=上期税费附加率$(ea)+\delta_6$

或者　　$\mathrm{d}(vat(t))/\mathrm{d}t=\delta_6(t)$

本期银行利率(io)=上期银行利率$(io)+\delta_7$

或者　　$\mathrm{d}(io(t))/\mathrm{d}t=\delta_7(t)$

本期现金股利(DO)=上期现金股利$(DO)+\delta_8$

或者　　$\mathrm{d}(DO(t))/\mathrm{d}t=\delta_8(t)$

（二）差分模型和微分模型

本书把上述相关方程中的参数作为企业系统的状态变量，并认为除Δ和δ之外的变量均为内生变量，则可以把上述方程联立成方程组，加上各参数的约束条件，组合成企业系统的数学模型。为了表述方便，假设数据采样周期为τ，k为周期序号（k为整数，一个序号表示一个编制期）。由于企业经营的连续性，k期的期末就是$(k+1)$期的期初。

综上，可以分别得到用微分方程组和差分方程组表示的企业基本价值流数学模型：

企业基本价值流微分模型：

$d(c_1(t))/dt = \delta_1(t)$

$d(c_3(t))/dt = \delta_2(t)$

$d(p(t))/dt = \delta_3(t)$

$d(it(t))/dt = \delta_4(t)$

$d(vat(t))/dt = \delta_5(t)$

$d(vat(t))/dt = \delta_6(t)$

$d(io(t))/dt = \delta_7(t)$

$d(DO(t))/dt = \delta_8(t)$

$d(M_1)/dt = \delta_9(t)$

$d(v)/dt = \delta_{10}(t)$

$d(SO)/dt = \delta_{11}(t)$

$d(a_m)/dt = \delta_{12}(t)$

$d(a_v)/dt = \delta_{13}(t)$

$d(AD_1)/dt = D_1 - LD_1$

$d(AD_2)/dt = D_2 - LD_2$

$d(AD_3)/dt = D_3 - LD_3$

$d(RM)/dt = C_1(t) - C_2(t) - \triangle_1(t)$

$d(FA_0)/dt = C_3(t) - C_4(t) - C_5(t) - C_6(t) - \triangle_2(t)$

$d(FA_1)/dt = C_4(t) - LFA_1(t) - \triangle_7(t)$

$d(FA_2)/dt = C_5(t) - LFA_2(t) - \triangle_3(t)$

$d(FA_3)/dt = C_6(t) - LFA_3(t) - \triangle_{10}(t)$

$d(FP)/dt = P_0(t) - P_1(t) - \triangle_5(t)$

$d(Q_1)/dt = Q_0(t) - Q_2(t) - \triangle_5(t) / p_1(t)$

$d(Q_3)/dt = C_1(t)/c_1(t) - C_2(t)/pc_1(t) - \triangle_1(t)/pc_1(t)$

$d(CA)/dt = MI(t) - MO(t) - M_1(t) - V(t) - SO(t) - TA(t) + LM_1(t) + LM_2(t)$
$\qquad + LM_3(t) + (LI(t) - IO(t) - LR(t)) + (IVI(t) - DO(t))$
$\qquad + (-IVO(t) + II(t) + IVR(t)) - \triangle_6(t)$

$d(AR)/dt = P(t) \times (1+vat) - MI(t) - \triangle_8(t) - \triangle_{11}(t)$

$d(AP)/dt = C_1(t) \times (1+vat(t)) + C_3(t) - MO(t)$

$d(OE)/dt = PR(t) + IVI(t) - DO(t)$

$d(BL)/dt = LI(t) - LR(t)$

$d(SE)/dt = IVO(t) - IVR(t) - \triangle_9(t) - \triangle_{12}(t)$

约束条件及输出：

$pc_1(t) = RM(t)/Q_3(t)$

$C_2 = a_m \times Q_0 \times pc_1(t)$

$V = a_v \times Q_0 \times v + FPE$

$P_0 = p_0 \times Q_0$

$p_0 = (C_2 + V + D_2 - d(OP) - \triangle_4)/Q_0$

$Q_2 = Q_0 \times SR$

$p_1(t) = FP(t)/Q_1(t)$

$P_1 = p_1 \times Q_2$

$P = p \times Q_2$

$IO = BL \times io$

$IT = (P - P_1 - M_1 - D_1 - SO - D_3 - IO + II + \sum(D_i + LM_i - LFA_i) - \sum \triangle_i) \times it$

$PR = (P - P_1 - M_1 - D_1 - SO - D_3 - IO + II + \sum(D_i + LM_i - LFA_i) - \sum \triangle_i) \times (1-it)$

$VAT = P \times vat - C_1 \times vat$

$EA = VAT \times ea$

$TA = IT + VAT + EA$

$MI(t) = f_1(P, AR, t)$

$MO(t) = f_2(C_1, C_3, AP, t)$

$RMP = MDP \times RR$

$RR \sim \phi_1$

$SR \sim \phi_2$

$AP \geq 0$; $AR \geq 0$; $C_1 \geq 0$; $c_1 > 0$; $C_2 \geq 0$; $C_3 \geq 0$; $c_3 > 0$; $C_4 \geq 0$; $C_5 \geq 0$;
$CA \geq 0$; $D_1 > 0$; $D_2 > 0$; $D_3 > 0$; $DO \geq 0$; $EA \geq 0$; $ea > 0$; $FA_0 \geq 0$;
$FA_1 > 0$; $FA_2 > 0$; $FP \geq 0$; $II \geq 0$; $IO \geq 0$; $IT \geq 0$; $it > 0$; $IVI \geq 0$;
$IVO \geq 0$; $IVR \geq 0$; $LI \geq 0$; $LO \geq 0$; $LR \geq 0$; $M_1 > 0$; $MDP > 0$; $MI \geq 0$;
$MO \geq 0$; $OP \geq 0$; $P \geq 0$; $p > 0$; $P_0 \geq 0$; $p_0 > 0$; $P_1 \geq 0$; $RM \geq 0$; $RMP \geq 0$;
$0 \leq RR < 1$; $SE \geq 0$; $SO \geq 0$; $SR \geq 0$; $ta > 0$; $TA \geq 0$; $V > 0$; $VAT \geq 0$;
$vat > 0$; $0 \leq Q_0 \leq RMP$; $Q_1 \geq 0$; $Q_2 \geq 0$; $Q_3 \geq 0$; $a_m > 0$; $a_v > 0$;
$LFA_i \geq 0$; $LD_i \geq 0$; $AD_i \geq 0$

或者

企业基本价值流差分模型：

$$c_1(k) = c_1(k-1) + \delta_1(k)$$
$$c_3(k) = c_3(k-1) + \delta_2(k)$$
$$p(k) = p(k-1) + \delta_3(k)$$
$$it(k) = it(k-1) + \delta_4(k)$$
$$vat(k) = vat(k-1) + \delta_5(k)$$
$$ea(k) = ea(k-1) + \delta_6(k)$$
$$io(k) = io(k-1) + \delta_7(k)$$
$$DO(k) = DO(k-1) + \delta_8(k)$$
$$M_1(k) = M_1(k-1) + \delta_9(k)$$
$$v(k) = v(k-1) + \delta_{10}(k)$$
$$SO(k) = SO(k-1) + \delta_{11}(k)$$
$$a_m(k) = a_m(k-1) + \delta_{12}(k)$$
$$a_v(k) = a_v(k-1) + \delta_{13}(k)$$
$$AD_1(k) = AD_1(k-1) + D_1(k) - LD_1(k)$$
$$AD_2(k) = AD_2(k-1) + D_2(k) - LD_2(k)$$
$$AD_3(k) = AD_3(k-1) + D_3(k) - LD_3(k)$$
$$RM(k) = RM(k-1) + C_1(k) - C_2(k) - \triangle_1(k)$$
$$FA_0(k) = FA(k-1) + C_3(k) - C_4(k) - C_5(k) - C_6(k) - \triangle_2(k)$$
$$FA_1(k) = FA_1(k-1) + C_4(k) - LFA_1(k) - \triangle_7(k)$$
$$FA_2(k) = FA_2(k-1) + C_5(k) - LFA_2(k) - \triangle_3(k)$$
$$FA_3(k) = FA_3(k-1) + C_6(k) - LFA_3(k) - \triangle_{10}(k)$$
$$FP(k) = FP(k-1) + P_0(k) - P_1(k) - \triangle_5(k)$$
$$Q_1(k) = Q_1(k-1) + Q_0(k) - Q_2(k) - \triangle_5(k) / p_1(k)$$
$$Q_3(k) = Q_3(k-1) + C_1(k) / c_1(k) - C_2(k) / pc_1(k) - \triangle_1(k) / pc_1(k)$$
$$CA(k) = CA(k-1) + MI(k) - MO(k) - M_1(k) - V(k) - SO(k) - TA(k) + LM_1(k) + LM_2(k)$$
$$+ LM_3(k) + （LI(k) - IO(k) - LR(k)） + （IVI(k) - DO(k)）$$
$$+ （-IVO(k) + II(k) + IVR(k)） - \triangle_6(k)$$
$$AR(k) = AR(k-1) + P(k) \times (1+vat(k)) - MI(k) - \triangle_8(k) - \triangle_{11}(k)$$
$$AP(k) = AP(k-1) + C_1(k) \times (1+vat(k)) + C_3(k) - MO(k)$$
$$OE(k) = OE(k-1) + PR(k) + IVI(k) - DO(k)$$
$$BL(k) = BL(k-1) + LI(k) - LR(k)$$
$$SE(k) = SE(k-1) + IVO(k) - IVR(k) - \triangle_9(k) - \triangle_{12}(k)$$

约束条件及输出：

$$pc_1(k) = (RM(k-1) + C_1(k)) / (Q_3(k-1) + C_1 / c_1(k))$$
$$C_2(k) = a_m(k) \times Q_0(k) \times pc_1(k)$$
$$V(k) = a_v(k) \times Q_0(k) \times v(k) + FPE(k)$$
$$p_0(k) = (C_2(k) + V(k) + D_2(k) + OP(k-1) - OP(k) - \triangle_4(k)) / Q_0(k)$$
$$P_0(k) = p_0(k) \times Q_0(k)$$
$$Q_2(k) = Q_0(k) \times SR(k)$$
$$p_1(k) = (FP(k) + P_0(k)) / (Q_1(k-1) + Q_0(k))$$
$$P_1(k) = p_1(k) \times Q_2(k)$$
$$P(k) = p(k) \times Q_2(k)$$
$$IO(k) = BL(k-1) \times io(k)$$
$$PR(k) = （P(k) - P_1(k) - M_1(k) - D_1(k) - SO(k) - D_3(k) - IO(k) + II(k)$$
$$+ \sum(D_i(k) + LM_i(k) - LFA_i(k)) - \sum\triangle_i(k)） \times （1-it(k)）$$
$$IT(k) = PR(k) / （1-it(k)） \times it(k)$$
$$VAT(k) = P(k) \times vat(k) - C_1(k) \times vat(k)$$
$$EA(k) = VAT(k) \times ea(k)$$
$$TA(k) = IT(k) + VAT(k) + EA(k)$$
$$MI(k) = f_1（P(k), AR(k-1), k）$$
$$MO(k) = f_2（C_1(k), C_3(k), AP(k-1), k）$$
$$RMP(k) = MDP \times RR(k)$$
$$RR(k) \sim \phi_1$$
$$SR(k) \sim \phi_2$$

$AP \geq 0$; $AR \geq 0$; $C_1 \geq 0$; $c_1 > 0$; $C_2 \geq 0$; $C_3 \geq 0$; $c_3 > 0$; $C_4 \geq 0$; $C_5 \geq 0$;
$C_6 \geq 0$; $CA \geq 0$; $D_1 > 0$; $D_2 \geq 0$; $D_3 > 0$; $DO \geq 0$; $EA \geq 0$; $ea > 0$;
$FA \geq 0$; $FA_1 > 0$; $FA_2 \geq 0$; $FP \geq 0$; $II \geq 0$; $IO \geq 0$; $IT \geq 0$; $it > 0$; $IVI \geq 0$;
$IVO \geq 0$; $IVR \geq 0$; $LI \geq 0$; $LO \geq 0$; $LR \geq 0$; $M_1 > 0$; $MDP > 0$; $MI \geq 0$;
$MO \geq 0$; $OP \geq 0$; $P \geq 0$; $p \geq 0$; $P_0 \geq 0$; $p_0 > 0$; $P_1 \geq 0$; $p_1 > 0$; $RM \geq 0$; $RMP \geq 0$;
$0 \leq RR \leq 1$; $SE \geq 0$; $SO > 0$; $SR \geq 0$; $ta > 0$; $TA \geq 0$; $V \geq 0$; $VAT \geq 0$;
$vat > 0$; $0 \leq Q_0 \leq RMP$; $Q_1 \geq 0$; $Q_2 \geq 0$; $a_m > 0$; $a_v > 0$; $LFA_i \geq 0$;
$LD_i \geq 0$; $AD_i \geq 0$

第四节　建模意义和局限性讨论

一、建模意义

企业基本价值流模型全面描述了企业内部的价值运动及其规律，分析了企业内部、外部因素对企业价值运动的作用，再现了企业实际的价值运动过程。它立足"实际、实时实地、真实效果"，定量研究了各种"价值力"的作用途径和效果，即：在既定企业结构下（或假设结构改变后）各种影响企业价值运动的内外作用，既考虑价值运动的利润效果，也讨论价值运动对财务状况和现金流量的影响。建模的具体意义如下：

（1）加深对企业的理解，提高人们对企业的认识能力。

（2）提高人们对企业的预测、预警和干预控制能力。

（3）在此基础上仿真，达到检验方案、培训人员、预知未来的目标，提高人们对企业的战略决策能力。

有了系统模型，再借助于计算机就可以模拟系统和功能，这就是系统仿真。它相当于在实验室内对系统做实验，即系统的实验研究。通过系统仿真可以研究系统在不同输入下的反应、系统的动态特性以及未来行为的预测等，这就是系统分析。在分析的基础上，再进行系统优化，优化的目的是要找出为使系统具有人们所希望的功能的最优、次优或满意的政策和策略。只要综合计算模型和改进措施的数据是基本准确的，那么模拟试验的结果也是可信的。还可以变换准备采用的改进措施，拟出多种规划方案，以便从中选出一个或几个最优方案。

二、局限性

（一）所有模型是建立在某些假设基础上抽象出来的

模型方法在科学技术研究中之所以能够具有独特性，在于它是通过简化模型来间接了解原型的。然而，模拟方法的优点之所依，亦是其不足之所在。由于模拟所得到的关于原型的结果是由简化的模型间接外推而来的，因而模型的可靠程度和同原型的接近程度就难免受到限制。但是模型同原型的接近程度是随着研究深入而不断提高的，因此可以使从模型推得的结果越来越符合原型的实际情况。最后进一步通过中间试验和现场试验，逐渐达到同一。

本模型也是建立在某些假设基础之上的，因此其适应范围受到了限制。

（二）复杂系统的模型具有固有缺陷

与传统的系统建模与仿真方法相比较，复杂系统建模与仿真的主要难点有：

（1）复杂系统研究的理论基础尚未达到如物理系统领域的抽象程度，通过系统分析而产生的数学模型常常可信度比较低。

（2）复杂系统往往具有病态定义的特征，即很难以一种严格的数学形式来对它进行定义及定量分析。

（3）复杂系统的另一个难点是病态结构，系统结构很难从空间和时间上加以分割，很难确定系统的边界和水平。

（4）对复杂系统的观测和试验都比较困难，从而使获得的数据对于系统行为的反映的可信度及可接受性降低。

企业是复杂系统，企业模型也具有复杂系统的模型的固有缺陷。这提醒人们在要求企业模型的质量时保持一定的宽容，在应用企业模型时保持一定的清醒。

（三）模型有待进一步扩展

首先需要放宽模型的假设条件，以适应更复杂的实际情况。比如，本模型假设企业只有一条生产线，或视同为一条生产线，这可能不合现实，需要扩展到多生产线的情况，甚至多产品系列的情况；本模型假设企业是一个高度独立的组织，没有考虑企业集团内部的资金调度，忽略了其他应收应付款，而大股东占用上市公司资金可能是中国很多上市公司出现财务危机的一个重要原因（在一定程度上，可以把这种其他应收款视为股利分配，因为这些资金长期离开了企业）。其次应开发标准的通用模块，并建立行业参考模型，以支持企业建模。

第三章 企业财务危机形成与演化的系统分析

第一节 企业财务危机的系统模型

一、财务危机的定义

在第一章"财务危机概述"中，作者已经对财务危机的定义与界定做了详细的综述。本人同意彭韶兵和邢精平（2005）的观点："将财务危机定义为包括介于比较轻微的资金管理技术性失败和极为严重的破产两者之间的整个过程，会模糊财务危机的严重性，不便于在企业管理中区别对待。因而，从管理的角度看，应将财务危机与财务困境分开。"[31] 但不同意其"从轻微的资金管理技术性失败到大规模重组这一过程为财务困境阶段，从大规模重组至企业破产这一过程为财务危机阶段"的划分标准，因为企业实际进入大规模重组往往是已经进入财务危机之后（两者之间往往有一段时间），并且某些企业可能并没有实际进行大规模重组就破产清算了。因此，笔者把"财务危机"定义为：企业财务危机是指常规自救措施不能奏效，必须经大规模重组才能走向正常的企业状态，英文译为 Financial Crisis。从本章开始，"财务危机"均采用此定义。财务困境与财务危机的分界如图 3-1 所示。

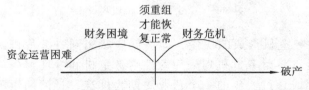

图 3-1　财务困境与财务危机的分界

注：图中横轴表示财务状况恶化程度，从左到右危机加深（从资金运营困难到破产清算），
而"须重组才能恢复正常"状态是划分财务困境与财务危机的分界线。

本书对财务危机的严重程度将不做进一步分级。由此，本书认为企业财务危机的爆发存在临界点。

二、财务危机的一般过程

企业作为一个有机体，其生存的外部环境和内部条件一直处于动态变化之中。正如企业基本价值流模型所显示的那样，可以把企业本身作为一个"受力体"，而把影响企业价值流的内外变化作为"价值力"。

企业财务危机形成与演变的一般过程是：在正向价值力和负向价值力的共同作用下，企业的生存和发展能力处于动态变化之中，正向价值力改善企业的财务状况、经营成果和现金流量，负向价值力恶化企业的财务状况、经营成果和现金流量。企业本身和企业的利益相关者都会对企业的整体财务状况进行评价，如果正常，企业只需要按常规采取一般性的调整措施就可以了；而如果不正常，则要区分财务困境状态和财务危机状态。如果是困境状态，采用常规自救措施；如果是危机状态，则又要区分现在是否已经进入重组阶段。如果现在还未进入重组阶段，需要考虑是否进行大规模重组；如果已经处于重组阶段，则考虑是否继续重组。如果重组结束且成功，企业恢复正常；如果重组结束且失败，则企业进入破产清算（图 3-2）。

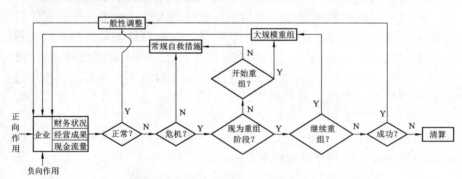

图 3-2　企业财务危机过程（1）

根据财务危机形成的快慢，即从健康状态到财务危机状态的过渡期长短，可以将财务危机划分为急性财务危机和慢性财务危机两类。比如以一年或超过一年的一个营业周期为标准，过渡期短于这个标准的，为急性财务危机；过渡期长于这个标准的，为慢性财务危机。一般来说，急性财务危机没有经历明显的财务困境阶段或财务困境阶段很短，导致财务危机的主要原因很容易明确（一般为外部突发事件）；而慢性财务危机经历的财务困境阶段很长，财务危机的形成是长期积累的结果，导致财务危机的原因是多方面的，很难判断某个因素在其中起的作用有多大。

三、财务危机的形成与演化模型

从系统科学的观点看，企业发生财务危机是以下两个条件同时成立的综合结果：一是企业本身的财务抗冲击能力不够；二是企业环境的冲击（负向价值力强于正向价值力）。作者在此引入控制论中的"鲁棒性"概念：控制系统的鲁棒性（Robustness）是指系统中存在不确定因素时，系统仍能保持正常工作性能的一种属性。于是企业本身的财务抗冲击能力可以看成系统的鲁棒性，负向价值力可以看成系统的干扰因素，财务危机就是两者共同作用的结果。这样，把图3-2与企业鲁棒性有关的部分用虚线围起来，得到图3-3，然后再把图3-3加以简化，得到企业财务危机的系统模型（图3-4）。

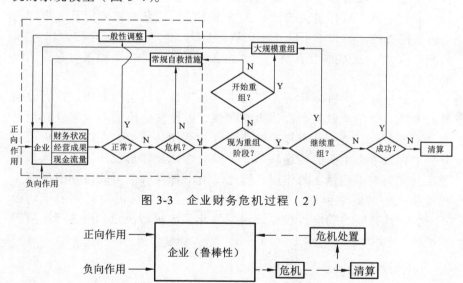

图 3-3　企业财务危机过程（2）

图 3-4　企业财务危机的系统模型

因此，研究企业财务危机的形成与演化机理，既要研究各种价值力的作用，又要研究企业的鲁棒性，还要研究它们之间的互动关系。

第二节 各种价值力的作用机理分析

一、负向价值力的传导模型

在企业基本价值流模型中，已经按照力的作用点列举了 8 种直接价值力和 8 种间接价值力。现在从负向考虑这些价值力，并对这些力进行适当归并，主要有：一是合并重大资产损失（直接价值力①②③⑤⑥⑧和间接价值力⑫，由于对外投资失败后一般不需要补充投资，这与其他重大资产损失后果不同，故"投资失败"单列）；二是合并管理费用和销售费用（直接价值力⑧）；三是把各种原因造成的"停工"单列一项，最后形成了 12 种主要的负向价值力和 1 种特殊状态"生产停工"，即原材料价格上涨、设备涨价、产品销售价格下降、税费率提高、银行利率上升、股利上升、对外投资失败、工资率上升、设备故障率上升、管理与销售费用失控、销售率下降、重大资产损失、生产停工，合称"13 主要负向价值力"。这基本上囊括了导致企业财务危机的主要因素对企业实际的影响作用。

以下分析采用边际分析（严格讲，是增量分析）的方法，或者说偏导的方法，即在考虑某个价值力的时候，假设其他价值力为零且其他自变量不变。由于企业是个复杂的非线性时变闭环系统，在以下各价值力分析中，只考虑主要的传递环节，并没有考虑反馈形成闭环（如现金流量反过来影响采购量）的作用，因此仅给出各种价值力的传导模型而无法给出完整的数学模型。实际上企业系统受到的价值力只相当于刺激（干扰），其完整的响应过程应该由网络化系统模型决定，而这将在第四章解决。

（一）原材料价格上涨

原材料价格上涨，在假设材料采购数量不变的前提下，材料采购的价值量必然增加。基于企业基本价值流模型，原材料价格上涨对企业现金流量、经营成果、财务状况的主要作用如下：

对现金流量的作用（假设同时存在现购和赊购，以下相同）：① 现购部分立即增加现金流出；② 赊购部分通过延迟（分期）付款增加现金流出。

对经营成果的作用：入库原材料成本增加，通过（延迟）投入生产，提高产品成本，经过销售结转，提高主营业务成本，引起利润下降。

对财务状况的作用：对现金流量的作用途径和对经营成果的作用途径，都会影响到财务状况。

由此得到原材料价格上涨的作用传导模型，如图 3-5 所示。

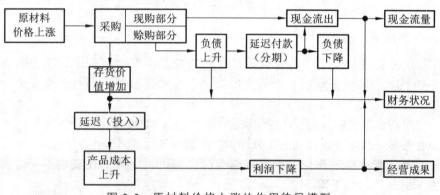

图 3-5　原材料价格上涨的作用传导模型

（二）设备涨价

设备价格上涨，在假设设备采购数量不变的前提下，设备采购的价值量必然增加。基于企业基本价值流模型，设备涨价对企业现金流量、经营成果、财务状况的主要作用如下：

对现金流量的作用：① 现购部分立即增加现金流出；② 赊购部分通过延迟（分期）付款增加现金流出。

对经营成果的作用：固定资产价值增加，通过折旧（延迟）增加产品成本（或管理费用），通过销售结转，提高主营业务成本（或期间费用），引起利润下降。

对财务状况的作用：对现金流量的作用途径和对经营成果的作用途径，都会影响到财务状况。

由此得到设备价格上涨的作用传导模型，如图 3-6 所示。

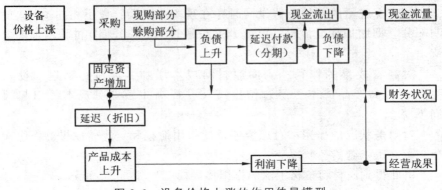

图 3-6　设备价格上涨的作用传导模型

（三）产品销售价格下降

产品销售价格下降，在假设产品销售数量不变的前提下，销售收入必然下降。基于企业基本价值流模型，产品销售价格下降对企业现金流量、经营成果、财务状况的主要作用如下：

对现金流量的作用：① 现销收入部分的减少立即减少现金流入；② 赊销收入部分的减少通过延迟（分期）收款减少现金流入。

对经营成果的作用：价格下降引起销售收入下降，在成本不变的前提下，导致利润下降。

对财务状况的作用：对现金流量的作用途径和对经营成果的作用途径，都会影响到财务状况。

由此得到产品销售价格下降的作用传导模型，如图 3-7 所示。

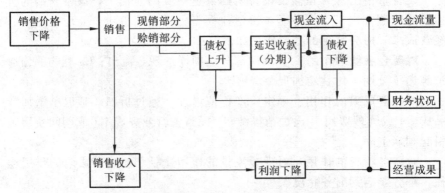

图 3-7　产品销售价格下降的作用传导模型

（四）税费率提高

税费率提高，在假设税基不变的前提下，税费必然上升。基于企业基本价值流模型，税费率提高对企业现金流量、经营成果、财务状况的主要作用如下：

对现金流量的作用：① 税费即付部分的增加立即增加现金流出；② 税费延后部分的增加通过延迟（分期）缴纳增加现金流出。

对经营成果的作用：直接税费的增加，引起费用上升，从而导致利润下降。

对财务状况的作用：对现金流量的作用途径和对经营成果的作用途径，都会影响到财务状况。

由此得到税费率提高的作用传导模型，如图 3-8 所示。

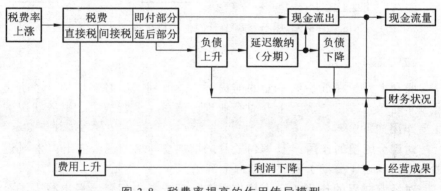

图 3-8　税费率提高的作用传导模型

（五）银行利率上升

银行利率上升，在假设银行贷款不变的前提下，利息费用必然上升。基于企业基本价值流模型，银行利率上升对企业现金流量、经营成果、财务状况的主要作用如下：

对现金流量的作用：① 即付利息的增加立即增加现金流出；② 后续利息分期增加现金流出。

对经营成果的作用：利率增加引起财务费用增加以及固定资产等资本化增加，最终导致折旧费用增加，从而导致利润下降。

对财务状况的作用：对现金流量的作用途径和对经营成果的作用途径，都会影响到财务状况。

由此得到银行利率上升的作用传导模型，如图 3-9 所示。

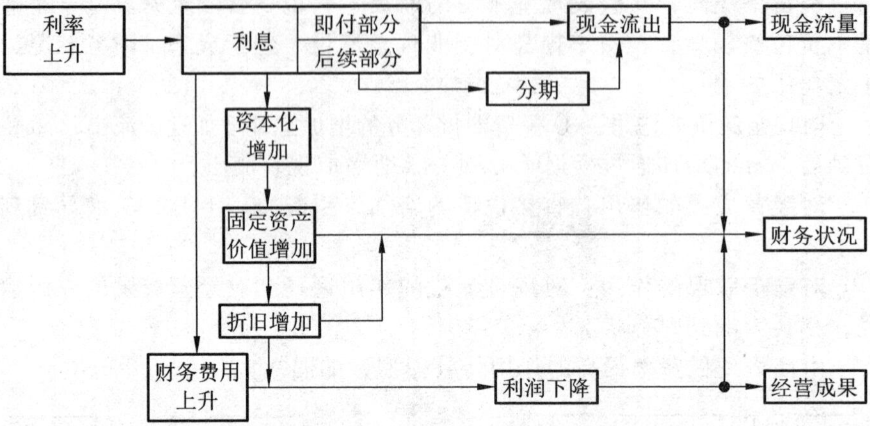

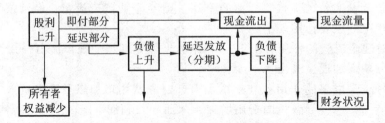

图 3-9　银行利率上升的作用传导模型

（六）股利上升

股利上升，在股份数不变的前提下，总股利支出必然增加。基于企业基本价值流模型，股利上升对企业现金流量、经营成果、财务状况的主要作用如下：

对现金流量的作用：① 即付股利的增加立即增加现金流出；② 延迟股利通过延迟（分期）发放增加现金流出。

对经营成果的作用：不直接作用于经营成果，但资金退出减少了企业的资源，降低了企业未来的利润潜力。

对财务状况的作用：对现金流量的作用途径会影响到财务状况。

由此得到股利上升的作用传导模型，如图 3-10 所示。

图 3-10　股利上升的作用传导模型

（七）对外投资失败

基于企业基本价值流模型，对外投资失败对企业现金流量、经营成果、财务状况的主要作用如下：

对现金流量的作用：① 当期收现部分的减少立即减少现金流入；② 未来收现部分通过后期收款减少现金流入。

对经营成果的作用：投资收益下降导致利润下降。

对财务状况的作用：对现金流量的作用途径和对经营成果的作用途径，都会影响到财务状况。

由此得到对外投资失败的作用传导模型，如图 3-11 所示。

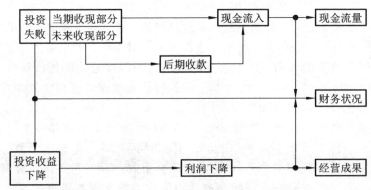

图 3-11　对外投资失败的作用传导模型

（八）工资率上升

工资率上升，在人工量不变的情况下，人工费用增加。基于企业基本价值流模型，工资率上升对企业现金流量、经营成果、财务状况的主要作用如下：

对现金流量的作用：① 即付部分的增加立即增加现金流出；② 延后部分通过延迟（分期）支付增加现金流出。

对经营成果的作用：人工成本的提高，增加产品成本（或管理费用），经过销售结转，增加主营业务成本，从而导致利润下降。

对财务状况的作用：对现金流量的作用途径和对经营成果的作用途径，都会影响到财务状况。

由此得到工资率上升的作用传导模型，如图 3-12 所示。

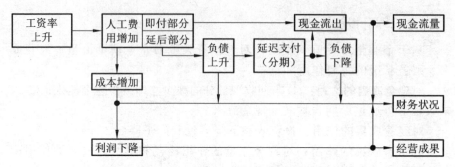

图 3-12　工资率上升的作用传导模型

（九）设备故障率上升

设备故障率上升，必然导致设备故障增加。基于企业基本价值流模型，设备故障率上升对企业现金流量、经营成果、财务状况的主要作用如下：

对现金流量的作用：① 维修支出增加的即付部分立即增加现金流出；② 非即付部分的增加通过延迟（分期）付款增加现金流出（其中领用库存材料等也会导致未来现金流出增加）。

对经营成果的作用：① 维修支出的增加，直接增加产品成本或费用，经过销售结转，增加主营业务成本，引起利润下降；② 设备故障会导致停工损失，引起利润减少；③ 设备故障会引起产品质量下降，降低产品等级引起产品价格降低，或提高产品担保或维修支出等质量成本。

对财务状况的作用：对现金流量的作用途径和对经营成果的作用途径，都会影响到财务状况。

由此得到设备故障率上升的作用传导模型，如图 3-13 所示。

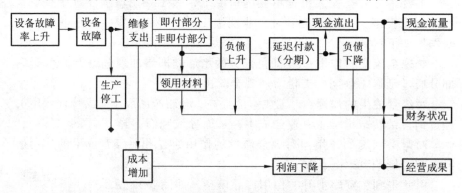

图 3-13　设备故障率上升的作用传导模型

（十）管理与销售费用失控

管理与销售费用失控，必然导致经营费用增加。基于企业基本价值流模型，管理与销售费用失控对企业现金流量、经营成果、财务状况的主要作用如下：

对现金流量的作用：① 管理费增加的即付部分立即增加现金流出；② 非即付部分的增加通过延迟（分期）付款增加现金流出（其中领用库存材料等也会导致未来现金流出增加）。

对经营成果的作用：管理与销售费用增加，经过期末结转，引起利润下降。

对财务状况的作用：对现金流量的作用途径和对经营成果的作用途径，都会影响到财务状况。

由此得到管理与销售费用失控的作用传导模型，如图 3-14 所示。

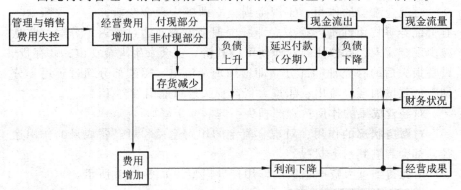

图 3-14　管理与销售费用失控的作用传导模型

（十一）销售率下降

销售率下降，在其他因素不变的前提下，必然导致销售收入下降、产成品库存增加。基于企业基本价值流模型，销售率下降对企业现金流量、经营成果、财务状况的主要作用如下：

对现金流量的作用：① 现销部分的减少立即减少现金流入；② 赊销部分的减少通过延迟（分期）收款减少现金流入。

对经营成果的作用：销售收入的下降减少主营业务收入，引起利润下降。

对财务状况的作用：① 对现金流量的作用途径和对经营成果的作用途径，都会影响到财务状况；② 销售受阻会导致产品库存增加。

由此得到销售率下降的作用传导模型，如图 3-15 所示。

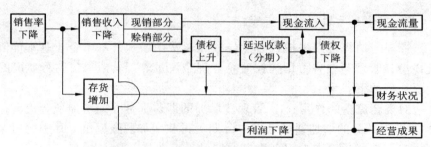

图 3-15　销售率下降的作用传导模型

（十二）重大资产损失

基于企业基本价值流模型，重大资产损失对企业现金流量、经营成果、财务状况的主要作用如下：

对现金流量的作用：①现金损失立即减少现金余额；②应收账款、有价证券等货币性资产损失立即减少现金流入或通过延迟（分期）收款减少现金流入；有价证券等即使可以救济，也会发生现金支出；③存货、设备损失后的补充现购部分立即增加现金流出，赊购部分通过延迟（分期）付款增加现金流出；④重大资产损失还可能引发停工。

对经营成果的作用：资产损失引起利润下降。

对财务状况的作用：对现金流量的作用途径和对经营成果的作用途径，都会影响到财务状况。

由此得到重大资产损失的作用传导模型，如图 3-16 所示。

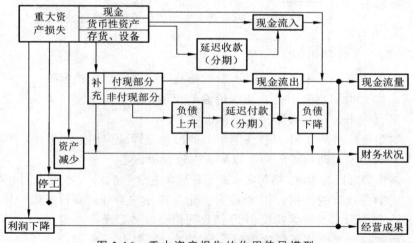

图 3-16　重大资产损失的作用传导模型

（十三）生产停工

基于企业基本价值流模型，生产停工对企业现金流量、经营成果、财务状况的主要作用如下：

对现金流量的作用：停工后的保养可能涉及现金支付，增加现金流出。

对经营成果的作用：停工损失引起利润下降。

对财务状况的作用：① 对现金流量的作用途径和对经营成果的作用途径，都会影响到财务状况；② 停工导致生产性资产到产成品资产的转换过程受阻。

由此得到生产停工的作用传导模型，如图 3-17 所示。

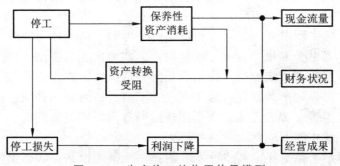

图 3-17　生产停工的作用传导模型

需要强调的是，在这些价值力影响企业财务状况、经营成果和现金流量后，这些财务状况、经营成果和现金流量反过来又会影响企业的经营，如：① 现金：余额小于一定数值，采购不能进行，可能导致停工及一系列问题；② 原材料：余额小于一定数值，生产不能进行；③ 财务状况恶化到一定程度，会导致债务融资困难、无法获得正常商业信用并产生一系列后果；④ 经营成果差，会影响未来股权融资，这在上市公司中表现得更为突出；⑤ 企业财务表现不好，也会引起人员流失、人工士气低落，甚至拖欠工资而导致罢工。另外，在企业内部存在非线性环节，这些价值力并不是相互独立的，而是相互影响的，所以财务状况并不完全是这些价值力的作用效果的线性叠加，而是一个多维耦合的系统进程。

二、正向价值力与财务危机的相对可逆性

上节分析了负向价值力对企业财务危机形成与演化的作用。但实际

上，作用于企业的价值力不可能都是消极的，即使在财务困境或财务危机下，某些正向价值力也在发挥作用，如有利的市场机遇、有效的管理措施。人们在面对逆境时不是无所作为的，合理的管理行动（一般性调整措施、常规自救措施、大规模重组等）都可能发挥正向作用。

正向价值力有助于改善企业财务状况，增强企业抗风险的能力，其一般逻辑是：正向价值力有助于企业改善现金流量、提高经营成果或改善财务状况，或者这三者的组合，由此改善企业的整体财务状况，提高企业的抗风险能力和生存能力，增强企业的财务鲁棒性；或者改变财务危机的发展方向，阻止或推迟财务危机的发生，成为财务危机可逆的动力源泉。正向价值力的作用传导模型参照负向价值力的传导模型，只是作用的效果（方向）相反。

企业的实际财务状况是多种负向价值力和正向价值力同时作用的综合结果，其财务变化的具体方向取决于这些力的相对强度对比。由此造成了财务危机形成演变的不确定性与财务危机可逆性。机遇（外在的正向价值力）和正确的管理行为（内在的正向价值力，如常规自救措施、大规模重组等）都有可能促使企业摆脱财务困境或财务危机。下面主要讨论财务危机的可逆性。

物理学上是这样定义"可逆"的：一个系统由某一状态出发，经过某一过程达到另一状态，如果存在另一过程，它能使系统和外界完全复原（即系统回到原来的状态，同时消除了系统对外界引起的一切影响），则原来的过程称为可逆过程；反之，如果使用任何方法都不可能使系统和外界完全复原，则原过程称为不可逆过程。

牛顿力学、相对论和量子力学，都否定了时间的方向性。在这些决定性的理论中，时间被降到次要的地位，时间只是描述运动的一个参量，不具有演化方向的意义。不管时间朝哪个方向走，整个的未来和整个的过去都包含在现在之中；过去、现在和未来只不过是同一整体的几个不同方面而已。在这些方程中，没有内在的时间箭头，它们对时间反演是完全对称的；无论时间向前进行还是向后倒退，所发生的运动没有质的差异。也就是说，运动是可逆的。

但是，当人们把思考转向真实的世界和现实生活时，就明明白白地得出结论：时间是不对称的。"时光不会倒流""机不可失，时不再来""少壮不努力，老大徒悲伤"……这些经验和体验，包含着"时间不可逆转"

这个平凡而颠扑不破的真理。19 世纪诞生的达尔文的进化论，更令人信服地表明时间是有箭头的。生物进化的过程是不可逆的，生物的进化由低级到高级、从简单到复杂，其结构愈来愈精致，功能愈来愈完善，它从最小、最简单的微生物一直进化到结构高度有序的人类。大概在达尔文提出进化论的同时，演化的观点也进入到物理学领域之中。在 19 世纪 50 年代的热力学理论中，描述系统热运动的方程不具有时间反演的对称性；当以 $-t$ 去代替 t 时，方程的形式也就不同了，表明"过去"与"未来"是不等同的。例如，一个系统初始时温度不均匀，处于不平衡状态，随着时间的推移，系统将趋于温度均匀的平衡状态；而反方向的过程却不可能自动出现，已达到温度均匀的平衡状态，不可能自行倒转回去形成冷热悬殊的非平衡状态。上述不可逆性的表述表明，自然界的过程是有方向性的，沿某些方向可以自发地进行，反过来则不能，虽然两者都不违反能量守恒定律。克劳修斯指出，有必要在热力学第一定律之外建立另一条独立的定律，这就是热力学第二定律。他于 1850 年提出一种表述：不可能把热量从低温物体传到高温物体而不引起其他变化。翌年开尔文提出另一种表述：不可能从单一热源吸取热量，使之完全变为有用功而不产生其他影响。可以证明，这两种表述等价。

显然，按照物理学上的可逆性定义，所有的有机体的生命都是不可逆的，因为它们不可能在不与外界环境进行物质能量交换的情况下生存下去。因此，作者在这里定义的可逆性是"相对可逆性"：一个系统由某一状态出发，经过某一过程达到另一状态，如果存在另一过程，它能使系统完全复原（即系统回到原来的状态），则原来的过程称为"相对可逆"过程。"相对可逆"与"可逆"的区别是不再强调"外界完全复原"（消除了系统对外界引起的一切影响）。

显然，按照"相对可逆性"的定义，企业的生命周期具有相对可逆性。企业的生命体与动植物生命周期显著不同的是，企业是由人创造的，企业的生命在相当程度上是可以人为改变的，它体现了人的意志。在企业生命周期中，企业在一定条件下可以起死回生，企业的生命是相对可逆的。

企业在消亡之前，通常经历了一个持续的绩效衰退过程，一般包括四个阶段（见图 3-18）。每个阶段都有可能改善组织绩效，使企业由危机转为正常。在阶段一，通常表现为盲目投资与不当的管理行为，良好的信息与敏捷的行动可以避免组织绩效衰退；在阶段二，通常表现为财务困境，正确的管理行动将使企业转入正轨；在阶段三，表现为财务危机，有效的重组可以使企业转危为安；在阶段四，企业进入破产（保护）程序，但启动破产（保护）程序后，经破产重整后重获新生的公司不乏其例。理论上讲，如果不考虑成本，企业绩效衰退过程中任何时点都是相对可逆的。

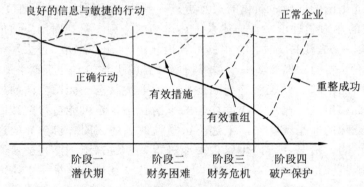

图 3-18　企业财务危机发展过程

注：来源于彭韶兵，邢精平. 公司财务危机论[M]. 北京：清华大学出版社，2005：60.

第三节　企业的财务鲁棒性

一、产业资本循环与企业的财务鲁棒性

产业资本交替存在着货币资本、生产资本、商品资本三种形式，资本在循环过程中都要经过购买、生产和销售三个阶段。要保持资本运动的连续性，产业资本的三种形式就必须在空间上并存，资本循环的三个阶段在时间上必须继起。正如马克思所指出的："产业资本的连续进行的现实循环，不仅是流通过程和生产过程的统一，而且是它的所有三个循环的统一。"

"产业资本循环是三个循环的统一"的原理，说明资本循环中任何一个环节出现问题，再生产过程就可能中断，资本运动的连续性就遭到破坏，资本周转，即不断重复进行的资本循环运动过程，就难以进行下去。因此，企业的经营过程存在各种各样的风险，也可能因各种各样的内外干扰而不能顺利进行下去。

"鲁棒性"概念来自控制论，控制系统的鲁棒性是指系统中存在不确

定因素时，系统仍能保持正常工作性能的一种属性。企业作为一个系统，其正常运转是需要一定条件的，其本身也应当具有一定的抗干扰能力；否则，任何微小冲击都会中断企业的正常运转，企业将失去生存的可能。参照控制论中的定义，作者给出企业的财务鲁棒性的定义为：企业的财务抗拒各种干扰而保持系统稳定正常工作性能的能力。

二、财务鲁棒性的决定因素

影响企业的财务鲁棒性的因素很多，从资产负债表来看，左栏是企业的资产（资产规模和资产质量），右栏是资金来源（资本结构），还有一个是同时影响左、右栏的企业融资能力（特别是临时举债能力）。影响企业的财务鲁棒性的决定因素也就是上述三项。

（一）资产规模和资产质量

一般来说，资产规模越大，企业参与利润创造的资产越多、创造经营现金流的能力越强，并且企业调整资产结构满足流动性需求的选择余地越大，企业抗风险能力越强。但是，这种资产规模应该是有质量的资产规模。资产质量是由企业整体资产的先进水平、创利能力和结构合理程度决定的，它主要包括以下方面：

（1）资产的物理质量。资产的物理质量主要通过资产的质地、结构、性能、耐用性、新旧程度等表现出来。资产的物理质量对企业财务状况的影响是显然的，如果有两个拥有同样数额资产的企业，其中一个企业资产为近年来购置的，而另一个是若干年前购买的，那么它们的财务状况一定存在差别。

（2）资产的完整性。按照资产的定义，资产是指企业过去的交易或事项形成的、由企业拥有或者控制的、预期会给企业带来经济利益的资源。资产的完整性包括两个方面，一是被企业"控制"的程度，有些资产能被企业"自由"地支配，有些不能被该企业"自由"地支配；二是创造经济利益的能力，或者参与利益创造的程度，某些资产如"其他应收款"实际上没有参与利益创造，某些资产诸如待摊费用、长期待摊费用之类的名为资产实为费用的项目，还有待处理财产损溢之类的损失项目只是"有名无实的资产"已经不能带来经济利益。

（3）资产的结构质量。资产的结构质量是指以各种形态存在的资产在企业总资产中所占的比重。企业的生产经营一般是连续的，各种形态的资产应该是同时存在的，并呈现一定的比例关系。合理的比例关系有利于企业生产经营的正常进行，而不合理的比例关系会阻碍企业生产经营的正常进行。

衡量资产质量的指标主要有盈利性和流动性。企业资产的盈利能力越强，利息保障倍数越高，财务鲁棒性越高。资产流动性反映了企业的变现能力。资产流动性越高，企业的偿债能力越强，企业财务越安全。但是，资产盈利性与资产流动性是一对矛盾，盈利性越高的资产往往流动性越差，固定资产盈利能力越强，但因专用性而降低了流动性；现金流动最强，资产却失去了盈利性。

（二）资本结构

资本结构，又称资金来源结构，是指负债与所有者权益两大部分之间的相对比例。准确地讲，企业的资本结构应定义为有偿负债与股东权益的比例。长期资本结构是指企业长期负债与股东权益的比例。负债经营是现代企业普遍采用的策略。负债会产生财务杠杆作用和税盾效应，在借款利率比息税前资金利润率低的情况下适当利用借入资金，可以扩大企业的资产规模，提高企业的创利能力，有利于提高权益资金净利率。但是，企业的负债是有风险的，且风险随负债比率的增加而增大，这会导致债务成本随负债比率的增加而上升，进而导致公司价值的降低。财务危机成本与代理成本就是负债导致的主要成本。借款要按期还本付息，过分地利用负债会发生较大的财务风险，影响企业财务安全，甚至可能由此丧失偿债能力而面临破产。一般说来，财务杠杆越低，企业财务风险越低，财务鲁棒性越高。

"财务风险"定义为因负债经营而引起的股东收益除营业风险之外的新的不确定性。衡量财务风险大小的主要因素是财务杠杆。财务杠杆就是每股收益随息税前收益变化而变化的幅度，常用 DFL 表示。

$$DFL = \frac{\Delta EPS / EPS}{\Delta EBIT / EBIT} \tag{3-1}$$

但是，还没有任何公式能确定一个适用于所有公司的资本杠杆。然而有证据表明，公司表现出的行为似乎是已经有目标资本杠杆，不同行业的资本结构存在差异。罗斯、威斯特菲尔德和杰富（2003）提出决定目标负债权益比的三个重要影响因素：税收、资产的类型和经营收入的不确定性[94]。

（三）企业融资能力

企业融资能力是指在一定的经济金融条件下，一个企业能够融通资金的最大规模。一般而言，企业融资能力，由企业股权的完整性、经营治理方面的规范和透明度、资产的有效性和盈利能力、债权债务关系的清洁度、财务报表的质量决定。透明的公司治理结构、漂亮的财务报表、良好的盈利能力，是吸引投资者的要素，也是银行放贷的前提。

融资会同时改变资产负债表的左、右栏。临时举债能力有助于满足紧急融资需求和提高偿债能力。它依赖于企业良好的信用和银企关系，企业如果能够获得银行信贷额度，将大大提高财务鲁棒性。

需要说明的是，上述三者也是互相联系的。良好的资产盈利能力和合适的资本结构可以提高融资能力，良好的资产盈利能力和流动能力可以支撑更高的资本杠杆，较强的融资能力可以承受更高的资本杠杆、改善企业的资产盈利能力和流动能力。

第四节　财务危机的临界条件

一、临界点的含义

马克思主义认为，任何事物都是质和量的统一，都是同时具有质的方面和量的方面。这两者的统一，在"度"中得到了体现。度是指一定事物保持自己质的量的限度、幅度、范围，是和事物相统一的数量界限，即保持事物质不变的数量界限。在度中，质和量不可分割：一方面，质制约着量，一定的质决定一定的量，规定着量的范围；另一方面，量也制约着质，量是质存在的条件，只有在一定的数量界限内，才有某种质的稳定存在。质和量相互制约、相互规定，形成质和量的统一体。一旦质和量的统一体发生分裂，即超出或破坏了度，一事物就转化成为他事物。任何事物都是质和量的统一，它的存在都有自己的度。度的两端称为"关节点"或"临界点"。事物的数量变化超出这个"关节点"，事物的质就会改变。可见，度和关节点的关系是区间和极限量的关系，是整体和边缘的关系，两者是有区别的联系。

线性与非线性现象有着质的差异和不同的特征。非线性复杂系统的一个特征牵涉到临界水平的概念。一个经典的例子就是"压断骆驼背的一根稻草"。当重量被加到一个骆驼的负荷上的时候，最后会达到骆驼不能再承担任何更多的重量的一个点。此时在骆驼背上放一根稻草都会使骆驼垮下来。骆驼突然垮下来是一个非线性反应，因为骆驼垮掉和那根特定的稻草没有直接关系。所有重量的累积效应最后超过了骆驼站直的能力（骆驼的临界水平），使得骆驼垮下来。另一个日常生活中的例子是：在一个不通风的屋子里抽烟，香烟会升起一根烟柱，烟柱会突然破碎成烟的旋涡并消散。什么事情发生了？烟柱升起并加速，一旦它的速度超过一个临界水平，烟柱就不能再克服空气的密度了，于是烟柱破碎了。

从企业基本价值流模型可以看出，企业是包含非线性环节的非线性系统，更准确地说，是一个具有各种正负反馈结构和非线性作用相互"耦合"交织在一起的非线性复杂系统。企业作为非线性复杂系统，企业财务危机的爆发应该存在临界点——突变点。这个临界点的意思是，任何企业的正常生产经营需要一定的条件，其抗击负向价值力的能力也有一个限度，如果负向价值力的长期累计影响（量变）使企业丧失了起码的生存能力，或者价值力合力的负向强度达到了企业当时财务鲁棒性（可能经历了长期削弱）的承受极限。一旦超过该点，企业就进入财务危机状态（质变），常规性自救措施已经不能扭转局面，只有通过大规模重组才能挽救企业。这就是财务危机的临界条件（见示意图 3-19）。显然，突变点不是预警管理中的"扳机点"，也不是单一指标的某种分界点（如最大贷款量）。

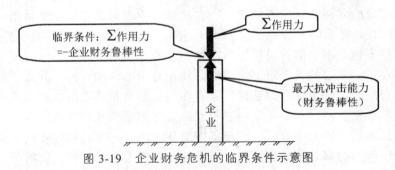

图 3-19　企业财务危机的临界条件示意图

二、临界点的决定因素

企业财务危机的临界点受多因素影响。从财务危机的恶性终极结果——破产的定义分析。在 *Black Law Dictionary* 里，破产被定义为：一个人无力支付其债务；一个人缺乏支付其债务的手段。上述定义有两个一般的主题或要点：存量和流量。当一家公司的净资产为负值，即资产价值少于负债价值时，就会发生"存量破产"。而当它的经营性现金流量不足以抵偿现有到期债务时，则将出现"流量破产"。公司无力支付其债务，是破产的直接原因。因此，财务危机首先是与债务契约联系在一起的。当然，如果企业长期亏损，理论上在设备更新之前折旧额大于亏损额或在特殊融资环境下能借新债还旧债以避免出现债务危机，但显然没有实现企业存在的目的，随着设备更新的到来或特殊融资环境的消失，特别是随着净资产为负的出现，很难继续借新债还旧债，从而出现生存危机。因此，企业财务危机临界点的决定因素有三个。

（一）债务契约

企业财务危机临界点受债务契约的约束，当企业的现金流持续性无法保证债务契约的履行时，企业则可能陷入财务危机。这是财务危机临界点的基础性决定因素。

债务契约是经理代表企业股东与债权人签订的，用于界定债权人、债务人双方权利义务关系的一种法律文件。债务契约包括借贷契约、债券契约、商业信用契约等。债务契约的主要目的是限制公司的行为或要求其按一定原则、目的行事，以保护债权人的合法、正当权益。

目前我国企业的举债方式主要有：公开上市交易的举债，向银行、非金融机构举债，向其他债权人借债（如商业信用）三种形式。每一种举债都有一定形式的债务契约。因为每一种举债所面对的信息环境不同，因而其对管理当局的约束程度也就不同。有些债务契约，如借贷契约不仅规定了贷款种类、期限、利率、还款办法等一般契约基本内容，还包含保护性条款。保护性条款可分为两类：消极条款和积极条款。消极条款限制或阻止了公司可能采取的行为。这里列举一些典型的消极条款：① 限制公司的股利支付额；② 公司不能将其任一部分资产抵押给其他债权人；③ 公司不能兼并其他企业；④ 未经债权人同意，公司不能出售或出租主要资产；⑤ 公司不可发行其他长期负债。积极条款规定了公司所同意采取的行动或必须遵守的条件。例如：① 公司同意将其营运资本维持在某一最低水平；② 公司必须定期提供财务报表给债权人[94]。我国银行的贷款通则包括了如上所述的债务契约保护性条款的基本内容，是企业与银行之间的贷款契约标准。

如果债务人违反债务契约，债权人可以对债务人采取对应措施，如中止契约关系、资产保全、债务重组，甚至要求债务人破产。《贷款通则》第二十二条规定："五、借款人未能履行借款合同规定义务的，贷款人有权依合同约定要求借款人提前归还贷款或停止支付借款人尚未使用的贷款；六、在贷款将受或已受损失时，可依据合同规定，采取使贷款免受损失的措施。"这是市场经济制度为维护正常经济秩序而作出的制度安排。因此，《企业财务通则》第六十三条规定："企业应当建立财务预警机制，自行确定财务危机警戒标准，重点监测经营性现金流量与到期债务、企业资产与负债的适配性。"

（二）社会评判标准

企业是否财务危机是人们对企业的一种评价和判断。而这种评价和判断必然涉及评价判断标准，主要是监管和业绩评价指标、信用评价重点等。

1. 监管和业绩评价指标

从会计监管和业绩评价看，根据我国有关法律、法规的规定，对公司进行监管和评价的主要指标是利润而不是未来的现金流量，强调的是过去的会计信息。比如，公司发行新股，必须在最近三年内连续盈利（《中华人民共和国公司法》第一百三十七条）。公司上市后，如申请增发新股，必须是最近三个会计年度加权平均净资产收益率平均不低于 10%，且最近一个会计年度加权平均净资产收益率不低于 10%（证监发〔2002〕55 号文件《关于上市公司增发新股有关条件的通知》）。公司上市后，如出现连续三年亏损的情况，其股票即暂停上市（《中华人民共和国公司法》第一百五十七条）。暂停上市后若在第一个半年公司仍未扭亏，证券交易所将直接做出终止其上市的决定。如果公司实现盈利，则可以按程度申请恢复上市（证监发〔2001〕25 号文件《亏损上市公司暂停上市和终止上市实施办法》）。当利润成为评价上市公司至关重要的因素时，上市公司会很自然地将注意力转向利润指标。因此，在我国财务危机的实证研究中，大多把上市公司 ST 作为财务危机的标志。

2. 信用评价重点

《贷款通则》第二十六条规定："对借款人的信用等级评估：应当根据借款人的领导者素质、经济实力、资金结构、履约情况、经营效益和发展前景等因素，评定借款人的信用等级。评级可由贷款人独立进行，内部掌握，也可由有权部门批准的评估机构进行。"但是实际操作中银行对企业的信用评价重点主要是长短期偿债能力，符合信用标准的企业可以获得贷款的权利。

短期偿债能力是指企业偿付短期债务的能力。短期债务，又称流动负债，是指将在一年内或超过一年的一个营业周期内到期的债务，这种债务一般需要以流动资产来偿还。一般通过流动资产与流动负债之间的比例关系来计算且判断企业的短期偿债能力。这种比例关系一般有：流动比率和速动比率。

对于企业的长期债权人，他们既要关心企业的短期偿债能力，又要关心企业的长期偿债能力。企业的长期偿债能力不仅取决于长期负债在资金总额中所占的比重，而且还取决于企业经营的效益。所以，分析企业的长期偿债能力应该与企业的盈利状况相结合。反映企业长期偿债能力的财务指标一般有：负债比率、负债与股东权益比率、利息保障倍数以及固定支出保障率。

社会评判标准对企业的行为具有导向作用，甚至可能催生企业的不良行为，比如会计信息的提供者为了取得商业信用、获得信贷资金，往往会利用各种手段来左右公司会计报表，拔高企业偿债能力。例如，公司利用会计信息不对称，采取年度结账前将有价证券出售、将应收票据向银行贴现以清偿债务、对不良存货长期放置不理、短期投资市价低于成本时不处理也不披露、逾期应收账款长期挂账等方法，"美化"会计报表，提供虚假偿债能力信息。企业长短期偿债能力以会计信息为基础的现实，给企业操纵信用状况留下了空间，使企业财务危机的临界点发生某种偏移。

（三）主观因素

由于评价判断的主体是人，这种评价判断过程必然会掺杂一些人的主观因素，如政府目标倾向、心理预期、银企关系等。这些主观因素会影响社会对企业的判断。

1. 政府目标倾向

在我国，由于社会保障体系很不完善，企业的破产清算可能带来比较突出的失业（下岗）问题、社会安定问题。大企业破产带来的失业人数剧增、国有企业清算带来的人员补偿安置，是政府亟须解决的大问题。政府直接或间接对破产清算的干预，使很多该破产的企业没破产、该清算的没清算、该消失的没消失，或者没有及时破产、清算、消失，"僵尸企业"众多。

2. 心理预期

心理预期有三类。第一类是在政府目标倾向客观存在的环境下，人们认为政府会对大企业、国有企业，特别是大中型国有企业"出手相救"。第二类是银行对国有企业贷款的"放心"。在我国，国有企业与银行之间有"兄弟关系"，属于同一个所有者——国家，债权人和债务人不一定是实际意义上的相互独立的产权主体。国有企业有政府扶持，即使银行贷给企业的资金无法收回，最后也是由国家来"买单"。对于作为债权人的银行，虽然资金是从城乡居民手中集中起来的，但最终的风险承担者仍然是国家，因而投资者和企业转嫁的风险，对于国有银行也没有切肤之痛。结果是，银行资金贷出效率的高低也没有一种以利益为基础的激励和约束机制，即通常所说的"软预算约束"。因此，在信贷市场上，我国的国有银行虽然已经进入商业化运行，但是在融资对象的选择上，仍青睐于国有企业。于是，国有企业贷款往往能得到某些优惠，甚至在"病入膏肓"时还能得到"安定团结贷款"。第三类是受风险投资者青睐行业中的企业。该类行业中的企业，有时可能表现出这样的状况：现金链对外依赖严重、公司运营缺乏谨慎、短期资产远远不足以偿还短期负债等，看似已经如履薄冰，财务危机重重；但由于受到风险投资者的青睐，仍能获得有效的投资，可以继续有效运营很久[2]。

3. 银企关系

良好的银企关系有助于企业顺利地得到银行贷款，增强企业的贷款能力，特别是企业的临时举债能力。国有银行与国有企业之间交易的频繁程度高，彼此较熟悉，获得企业信息比民营企业更容易，因此国有企业往往容易取得银行信任。信用度较高的企业还可以获得银行的信贷额度。信贷额度是银行与借款人之间达成的正式或非正式的在一定期限内的最大贷款额的协定，其中的循环使用的信用协议是一种正式的信贷额度。银行做出的此种承诺，往往具有法律效力。在协议期限内，借款人可以自由使用其信贷额度，但借款人不仅要对其使用的信贷额度支付利息费用，而且对其未使用的信贷额度也需要支付一定的补偿费用。由于银行可以根据企业的经营状况调整其核准的信贷额度，上期未使用的信贷额度往往会影响下期信贷额度。有些企业为了维持良好的银企关系和获得较高的信贷额度，甚至情愿多付出一些利息而故意充分使用信贷额度。

总之，主观因素会影响人们对企业财务状况的判断，影响企业的举债能力，特别是企业的临时举债能力，往往可以延缓甚至避免财务危机的发生，使企业财务危机的临界点发生某种漂移。

三、破产与企业财务危机的临界点

（一）信用与破产

什么是市场，市场是商品交换的场所。从法学的观点看，市场是无数交易形成的一个网络，而债是交易关系的法律形式。因此，市场经济就是无数债的总和。企业是市场经济的主体，可以从两个角度来界定企业：企业是动态财产的集合体，企业是一揽子合同的集合体。从某种意义上讲，企业是无数合同的总和。

债的关系在市场经济中具有举足轻重的地位。市场经济是信用经济，及时清偿债务是信用最重要的体现。不讲信用的经济是交易成本很高、没有效率的经济。2006 年 8 月 31 日，中国企业联合会完成的《中国企业诚信状况调研报告》显示：企业正受到多种失信行为的困扰，主要包括拖欠款、违约、侵权、虚假信息、假冒伪劣产品等；中国企业每年因为信用缺失而导致的直接和间接经济损失高达 6000 亿元人民币，排名首位的失信现象是拖欠款。据 2005 年的不完全统计，中国企业每年由于逃废债务造成的直接损失约为 1800 亿元，企业"三角债"金额达上万亿元，由于合同欺诈造成的损失约 55 亿元，由于产品质量低劣或制假售假造成的各种损失达 2000 亿元。

市场经济是法制经济。市场经济健康不健康，在很大程度上取决于法律对债的关系的调整情况。一个国家司法的优劣，在很大程度上取决于法律对道德和信用的影响。人类的经济活动和所有其他交易及协作活动的效率，取决于人类能在多大程度上相互信任、遵守契约。一国的经济繁荣，主要取决于该国各项制度的影响，即看它们是否鼓励诚实守信及其鼓励程度。今天某种程度上的信用缺失，与我们整个法律制度体系有着密切的关系。

国际上的破产有两层含义，首先是一种"insolvency"的事实状态，然后是在这个事实状态下通过一种集体清偿程序实现债务的公平清偿，同时在可能的情况下实现企业拯救。所谓 insolvency 就是无力偿债，无力偿债的基本的界定标准之一就是"不能清偿到期债务"，即"非流动性"。不管债务人的资产负债表上是资产大于负债，还是资产小于负债，只要债务人没有能力清偿到期债务，没有流动性，在这种情况下如果不进入破产程序，债务人就可以法庭外和解、债务重组等。如果债务人不能及时采取一些债务清偿的措施，这导致的局面可能有两种：第一种是所有债权人一哄而上，竞相寻求个别清偿，这是一种"捷足先登"的游戏规则，是在民事强制执行能够顺利进行的情况下会发生的局面；第二种是在一个国家，比如在中国处于转轨时期、法制不是非常健全、民事强制执行又不能得到切实严格执行的情况下出现的另一种情况，就是这些债务都不能执行，企业还不了债，它没有钱，但是它有资产，谁也没有办法去执行这些资产，这个时候这些债务以应收款登记在账上，处于一种呆滞状态。企业没有信誉，就没有办法获得资金、获得新的原材料供应，只能不死不活地拖着。但是它存在就要消耗财产，它需要给职工发工资，需要应付一些日常的费用，这个时候再无谓地消耗财产，其结果就是若干年以后它的财产比过去大大地减少，流动性根本谈不上，资产负债比不断恶化，所以若干年以后这个企业甚至是"无产可破"。另外在银行方面形成大量的不良资产，所谓的"应收款"是收不回来的，企业存在时它是呆账，企业一旦破产或倒闭（以其他方式倒闭掉），它就变成坏账。这就是债务人不能及时采取清偿措施也不进入破产程序时的基本情况、基本规律。破产法的意义：一是在债务人不能清偿到期债务的情况下，通过一种公平的集体清偿程序在债权人之间建立一种秩序。二是通过破产这样一种程序，能够使债务人的财产及时得以保全，在这种保全的状态下可能会有两种结果，第一种情况是通过企业的重整、再建使企业恢复生机、起死回生，这就是目前国际上通行的、普遍采用的"重整"的程序；第二种情况就是这个企业可能无法挽救，但是由于及时保全了财产，债权人能够在目前情况下最大限度地得到清偿，使债权人的利益得到尽可能多的实现。无论是哪种结果，破产对社会经济都是有利的。

（二）破产标准与企业财务危机临界点

目前，对破产界限在理论界尚有争议。一种观点认为，破产界限应是丧失偿债能力，即因经营管理不善造成亏损所引起的不能偿还到期债务，也就是人们常说的资不抵债；另一种观点认为，破产界限应是不能清偿到期债务，不仅包括前述的经营管理不善造成亏损引起的不能偿还到期债务，还包括由于资金周转不灵造成的不能清偿到期债务。

国际上通行的破产标准就是一个"非流动性"标准——insolvency。所谓 insolvency 就是无力偿债，无力偿债的基本的界定标准之一就是"不能清偿到期债务"，即"非流动性"。

《中华人民共和国企业破产法（试行）》（以下俗称"旧破产法"）第三条规定："企业因经营不善造成严重亏损，不能清偿到期债务的，依本法规定宣告破产。"从这一规定可以看出，旧破产法规定的破产界限倾向于丧失偿债能力，即因经营管理不善造成亏损所引起的不能偿还到期债务，也就是人们常说的资不抵债。大多数学者认为，对破产原因进行简单界定，取消经营管理不善、严重亏损的条件，直接以支付不能或不能清偿到期债务作为破产原因。因为企业经济上亏损与否是企业内部的问题，与企业外部的债务情况如何并没有绝对和固定的联系。内部亏损再严重的企业只要对外没有负债，便不会出现法律上的破产。法律上的破产则是不管企业经营是否亏损，只考虑能否偿还债务。加入世界贸易组织（WTO）之后，我国很多法律规定应与国际惯例接轨，采用"不能清偿到期债务"作为破产界限必将是大势所趋。因此，以经营管理不善、严重亏损作为适用破产程序的前提条件是不科学的。

2006 年 8 月 27 日通过的《中华人民共和国企业破产法》（以下俗称"新破产法"）在立法理念上有所转变，基本上遵守了国际上通行标准。新破产法第二条规定："企业法人不能清偿到期债务，并且资产不足以清偿全部债务或者明显缺乏清偿能力的，依照本法规定清理债务。企业法人有前款规定情形，或者有明显丧失清偿能力可能的，可以依照本法规定进行重整。"该法第七条规定："债务人有本法第二条规定的情形，可以向人民法院提出重整、和解或者破产清算申请。债务人不能清偿到期债务，债权人可以向人民法院提出对债务人进行重整或者破产清算的申请。企业法人已解散但未清算或者未清算完毕，资产不足以清偿债务的，依法负有清算责任的人应当向人民法院申请破产清算。"该法第七十条规定："债务人或者债权人可以依照本法规定，直接向人民法院申请对债务人进行重整。债权人申请对债务人进行破产清算的，在人民法院受理破产申请后、宣告债务人破产前，债务人或者出资额占债务人注册资本十分之一以上的出资人，可以向人民法院申请重整。"但是，由于"宜粗不宜细"的立法理念的影响，新破产法的条文设计线条还比较粗，只提供了一个制度框架和标准，一些具体操作中可能涉及的问题，比如破产的标准、破产的前置程序、债务人财产的确定特别是欺诈性交易的认定等，有待司法解释和行政法规的进一步细化。

在"临界点的决定因素"中，作者提出，债务契约是企业财务危机的基础性决定因素。而在市场经济条件下，不能履行债务契约的直接逻辑后果就是破产。破产是一种法律行为，是否进入破产程序受多种因素影响，因此不应当把"进入破产程序"作为财务危机的标志，而应当把"达到破产标准（界限）"作为财务危机的标志。达到破产标准不一定都进入破产程序，人们也可以选择庭外和解。因此，本书将在第四章"企业财务危机仿真"中采用以下标准作为财务危机的临界点：企业出现拖欠的时间达到 6 个月且拖欠的债务额大于现金余额。因为这时候企业已经不能完全清偿到期债务，有可能被债权人提起破产申请（虽然现实中提起破产申请的案件，大多数是债务人自己提起的，占 90%以上，但这无疑是一种压力）。

第四章　企业财务危机仿真

第一节　仿真与财务危机仿真

一、仿真的定义

根据国际标准化组织（ISO）标准中的"数据处理词汇"部分的名词解释，模拟（Simulation）与仿真（Emulation）两词含义分别为："模拟"，即选取一个物理的或抽象的系统的某些行为特征，用另一个系统来表示它们的过程；"仿真"，即用另一数据处理系统，主要是用硬件来全部或部分地模仿某一数据处理系统，以至于模仿的系统能像被模仿的系统一样接受同样的数据，执行同样的程序，获得相同的结果。鉴于目前实际上已将上述"模拟"和"仿真"两者所包含的内容都统归于"仿真"的范畴，而且都用英文 Simulation 一词来代表，本书不对"模拟"和"仿真"两个词加以区分。

仿真界专家和学者对"仿真"下过不少定义。1961 年，摩根塔勒（G. W. Morgenthaler）首次对仿真进行了技术性定义，仿真意指在实际系统不存在的情况下对于系统或活动本质的实现。另一典型的对仿真进行技术性定义的是 Kron，他在 1978 年的著作《连续系统仿真》中将"仿真"定义为用能代表所研究的系统的模型做实验。1982 年，Spriet 进一步将仿真的内涵加以扩充，所有支持模型建立与模型分析的活动即为仿真活动。Oren 于 1984 年在给出仿真的基本概念框架"建模—实验—分析"的基础上，提出了"仿真是一种基于模型的活动"的定义，这被认为是现代仿真技术的一个重要概念。实际上，随着科学技术的进步，特别是信息技术的迅速发展，仿真的技术含义不断地得以发展和完善。无论哪种定义，仿真基于模型这一基本观点是共通的，仿真是通过对模型的实验达到研究系统的目的的。

综合国内外仿真界学者对系统仿真的定义，可对系统仿真做如下定义：系统仿真是建立在控制理论、相似理论、信息处理技术和计算技术等理论基础之上的，以计算机和其他专用物理效应设备为工具，利用系统模型对真实或假想的系统（已经存在的，或者正在研究设计中的）进行动态试验，并借助于专家经验知识、统计数据和信息资料对试验结果进行分析研究，进而作出决策的具体过程。系统仿真是一门综合性和试验性的技术学科。

从这些有关仿真的定义中不难看出，要进行仿真实验，系统和系统模型是两个主要因素。由于对复杂系统的模型处理和模型求解离不开高性能的信息处理装置，而现代化的计算机又责无旁贷地充当了这一角色，现代仿真技术均是在计算机支持下进行的，因此，系统仿真也称为计算机仿真。系统仿真（尤其是数学仿真）实质上应该包括三个基本要素：系统、系统模型、计算机（包括硬件和软件）。联系这三项要素的基本活动是：系统建模、仿真建模和仿真实验（见图4-1）。

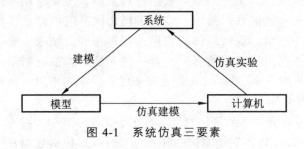

图 4-1　系统仿真三要素

在系统仿真三要素中，系统是被研究的对象，模型是系统行为特性的描述，仿真则是模型试验。

二、仿真的目的和作用

仿真的目的是在科学研究和工程技术中，通过对研究对象的仿真，对它们进行分析、研究、实验、验证以及人员培训。仿真在工程系统研究的各个阶段，如方案论证、系统对象和基本部件的分析、初步设计、详细设计、分系统试验等阶段，均发挥了显著作用。

仿真技术用概念模型代替物理模型，概念模型在计算机上的运行代替物理模型在实验中的运转。因此，采用仿真技术研究实际系统具有良好的可控性、无破坏性、安全性、灵活性（不受环境制约）、可重复性和经济性等特点，已经成为对许多复杂系统（工程的、非工程的）进行分析、设计、试验、评估的必不可少的手段。

科学的基本方式就是长久地观察、观测和实验。通过观察和观测得到数据，对这些数据进行归纳并从理论上进行分析，产生假说，然后再利用实验验证这种假说，或者通过更为广泛的观察和观测来确定没有能够反对这一假说的事实，这就是科学的基本程序。但是现在，计算机的出现突破了这一局限。美国原副总统阿尔·戈尔说过："在计算机出现之前，实验和理论这两种创造知识的方法一直受到限制。实验科学家面对的研究对象太困难，不是太大就是太小，不是太快就是太慢"，"另一方面纯理论不能预报如雷雨或飞机上空的空气流动之类复杂的自然现象。随着高速计算机的使用，我们才能仿真模拟那些不容易观察到的现象。正由于此，计算科学突破了实验和理论科学的局限性。"（摘自 1998 年 1月 31 日美国前副总统戈尔在加利福尼亚科学中心演讲"数字地球——认识 21 世纪我们这颗星球"）中国科学院院士石钟慈认为，计算机时代的科学计算是第三种科学方法。计算机模拟实验正在作为第三种科学方法构筑十分牢固的基础，甚至可以说，这几乎就是科学方法论上的革命。于是，科学研究有了三种途径：理论推导、科学实验和仿真模拟，人们在科学研究时也常称"理论理论、实验实验、模拟模拟"。陈景润的哥德巴赫猜想就是一个理论推导的典型例子；世界上曾频频进行的各种核试验就是科学实验的典型例子；吴文俊的数学机械化与自动推理平台、气象预报就是仿真模拟的典型例子。可见，计算机模拟实验是系统科学的实验室。

三、财务危机仿真

如今，计算机仿真技术被广泛运用于众多的领域之中，从开始主要应用于航空航天、原子反应堆等造价昂贵、设计建造周期长、危险性大、难以实现实际系统试验的少数领域，逐步发展到后来应用于电力系统、石油工业、化工工业、冶金工业、机械制造等一些主要的工业领域，到现在已经进一步扩展应用到社会系统、经济系统、交通运输系统、生态系统等一些非工业领域。随着计算机技术的发展，系统仿真技术已经成为任何复杂的系统特别是高技术产业在论证、设计、生产试验、评价、检测和训练产品时不可缺少的手段，已经成为研究大规模、复杂非线性巨系统的有力工具，其应用范围越来越广，技术手段越来越先进。

在财务方面，很多人把一般的财务预测模型也称为仿真，如 Kaneko T. (1986) 所谈的仿真实际上是多变量判别分析；甚至有人将电算化会计模拟手工账称为财务仿真，其实只能算会计仿真。真正的财务仿真不多，财务危机仿真更少，主要文献包括：林勇和钟元生（1998）探讨了电子表格上的财务仿真模型[95]；Zhou F.和 Han L. Y.（2005）用蒙特卡洛模拟仿真（Monte Carlo Simulation Technique）技术结合判别模型仿真企业财务失败[96]，但这些模型产生财务数据的方式缺乏依据。

本书基于企业基本价值流模型，以 JX 钢管有限公司为例进行仿真，将主要实现以下功能：基于企业基本价值流模型，建立 JX 钢管有限公司的价值流仿真模型，模拟不同价值力作用下 JX 钢管有限公司的企业基本价值流；根据企业财务危机的标准，判断企业是否出现财务危机；模拟不同措施下企业能否摆脱财务危机。

第二节　企业财务危机仿真建模
——以 JX 钢管有限公司为例

一、企业简介

JX 钢管有限公司建于 1952 年，是国内最早生产焊管的专业厂家之一，近年来已发展成为国内品种规格最全、口径最大的专业焊管厂，是冶金工业部地方骨干企业之一。该公司 1992 年加入 NG 集团，1993 年晋升为国家大二型企业。改制前职工 2580 人，工程技术人员 198 人，其中具有中级职称的 55 人，高级技术职称的 21 人。厂区占地面积 30 万平方米，固定资产原值达 2.8 亿元，年产值达近 2 亿元，利税总额达 2000 万元，年生产能力达 20 万吨。从原联邦德国引进的 Φ508 机组具有 20 世纪 80 年代的国际先进水平，为公司主要的生产线。主导产品：石油、天然气输送焊管。

由于生产工艺中存在整长、倒刺等工艺和质量检验，必然存在原材料损耗率，企业改制之前约为 8%（本书将不考虑边角料回收产生的收入及增值税进项退出）。固定资产折旧遵守国家会计政策和税法规定，生产线折旧年限 20 年，残值率 5%，月折旧率约 4‰；管理部门、销售部门的固定资产平均月折旧率 5‰。固定资产更新改造：生产线平均月更新率 1‰；管理部门、销售部门的固定资产平均月更新率 3‰。整个仿真期间不考虑应纳税所得额的调整。

其生产工艺主要是：从其他钢厂（主要为鞍钢、本钢和宝钢）购进热轧钢带，通过自动卷曲焊接生产线加工成石油天然气管线管（见图 4-2 和表 4-1）。生产过程中除了消耗钢带，还有人工、焊条、电、少量水等。产品销售按重量吨计价。实际产品是按不同工艺标准生产，单价也不一样。笔者考察了该企业的历年销售数据，发现产品结构变化不大，为了简化，采用了当期的平均单价作为计量依据。

表 4-1　生产工艺指标

名称	ERW 钢管生产线	类别：	ERW 钢管生产线
范围	直径：Φ219.1～Φ508，长度：6～12 m 壁厚：5.0～12.7 mm		
能力	20 万吨/年		
应用	石油及天然气输送		
主要原料	热轧钢带		
执行标准	API 5CT、API 5L、ASTM A53、ASTM A252、DIN 1626、ISO559、ISO 3183.1/2、KS 4602、GB/T 3091、GB/T9711.1/2、GB/T 14291、YB/T 4028		

该企业采用订单与市场预测相结合的方式决定生产量，具体规定为：一般按订单生产，非常规产品完全按订单，行销产品可以按预测并且结合生产批量因素。

二、本仿真的主要调整参数——企业主要的价值力

唯物辩证法告诉我们，在事物由多种矛盾所构成的矛盾体系里，其各种矛盾力量的发展是不平衡的，因而这些矛盾在事物发展中占有不同的地位和起着不同的作用。复杂的矛盾体系中往往有主要矛盾和非主要矛盾的区别，每一矛盾双方又有矛盾的主要方面和矛盾的非主要方面的区别。

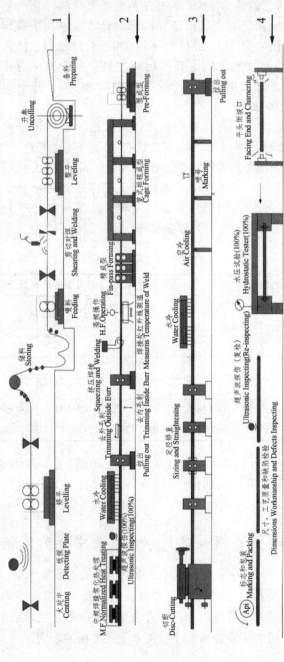

ERWφ219.1-φ508mm石油天然气管线管工艺流程图

图 4-2 生产工艺流程图

　　把握主要矛盾和非主要矛盾、矛盾的主要方面和非主要方面之间的辩证关系，特别要坚持唯物辩证法的两点论和重点论的统一。唯物辩证法所谓的两点论，就是在研究复杂事物的发展过程中，既要研究主要矛盾，又要研究非主要矛盾；在研究任何一种矛盾时，既要研究矛盾的主要方面，又要研究矛盾的非主要方面。在这两种情况下，如果只肯定其一，而忽视或否定其二，就是从根本上否认矛盾，从而陷入形而上学的一点论。而辩证法所谓的重点论，就是在研究复杂事物的发展过程时，要着重地把握它的根本矛盾、主要矛盾；在研究任何一对矛盾时，要着重地把握矛盾的主要方面。不去把握甚至否认这个重点，而把各种矛盾情况或矛盾的诸方面平衡看待，是形而上学的均衡论。两点论和重点论的内在统一，是唯物辩证法必须始终坚持的一个基本理论原则。

　　具体到 JX 钢管有限公司，什么是企业的主要矛盾和矛盾的主要方面呢？下面从价值力的角度对此进行分析。

　　1. 原材料价格

　　钢材是主要的生产资料，其市场变化一直很大，价格变动剧烈。

　　2. 产品价格

　　钢管也是重要的生产资料，由于上游产品的价格变化及市场供求的变化，其价格变动也很剧烈。总趋势是产品价格跟随原材料价格，反映了经济学上的成本驱动原理。但变化并不同步，有时甚至变化方向相反，如热轧钢带价格上涨，而石油天然气管线管价格下降。因此，必须分别独立考虑原材料价格和产品价格这两个因素。

　　3. 管理费用

　　JX 公司存在的一个大问题是管理开支偏高。一是有大量退休职工（800 人，约占全部职工 2450 人的 30%）；二是现有管理及辅助人员太多（200 人），机构臃肿、人浮于事；三是劳保医疗福利费高，加上绿化环保开支，每月 30 万元。企业不堪重负。

　　4. 销售费用

　　销售费用是企业的重要开支。钢管销售需要支出一些宣传费用，但不需要太多的广告费用。企业一方面存在销售人员过多（80 人），另一方面存在销售人员激励不高、销售力度不大，销售上不去，产能利用率一直徘徊在 30% 左右（实际产量 6 万吨/设计产量 20 万吨）。其问题主要是人浮于事，很多人光拿工资不干活，甚至个别人吃里爬外：打自家的牌子销售别家的产品，损害了企业的声誉。

5. 原材料消耗

原材料消耗是成本中的大项。在钢管生产中，原材料损耗不可避免。本企业原材料损耗徘徊在 8%，即生产一吨钢管，要损耗 80 千克钢带；或者说生产一吨钢管，要消耗 1.08 吨钢带，与其他厂家相比明显太高。本来原材料中还有一个主项，那就是焊条，但考虑到焊条消耗一直很稳定，且与钢带相比，成本很低，故并入了广义的"人工"。

6. "人工"消耗

本处的"人工"是广义的，不但包括一般意义上的人工，而且包括焊条消耗及水电等非存储性物质消耗。改制前企业生产部门的主要问题是定员过多、人浮于事，突出表现为消耗定额过高。

7. 销售力度

前面已经提到企业销售力度不大，产销量一直上不去。本仿真将引入一个销售力度的指标 SR，来间接反映产销增长。具体见仿真模型说明。

综合以上分析，可以认为以上 7 个价值力是影响企业价值流的主要因素，于是把这 7 个价值力设置为仿真模型的主要调整参数。

三、建　模

（一）编程环境简介

MATLAB 名字由 Matrix 和 Laboratory 两词的前 3 个字母组合而成。20 世纪 70 年代后期，时任美国新墨西哥大学计算机科学系的 Cleve Moler 教授出于减轻学生编程负担的动机，为学生设计了一组调用 LINPACK 和 EISPACK 库程序的"通俗易用"的接口，此即用 FORTRAN 编写的 MATLAB。1984 年，在 Little 的推动下，由 Little、Moler、Steve Bangert 合作成立了 MathWorks 公司，并把 MATLAB 正式推向市场。从这时起，MATLAB 的内核采用 C 语言编写，而且除原有的数值计算能力，还新增了数据图视功能。

　　MATLAB 在以商品化形式出现后的短短几年，就以良好的开放性和运行的可靠性著称，原先控制领域里的封闭式软件纷纷被淘汰。20 世纪 90 年代，MATLAB 已经成为国际控制界公认的标准计算软件，而且在国际上 30 多个数学类科技应用软件中，它在数值计算方面独占鳌头。

　　Simulink 是 MATLAB 中一个进行动态系统建模、仿真和综合分析的集成软件包。它可以处理的系统包括：线性、非线性系统；离散、连续及混合系统；单任务、多任务离散事件系统。

　　在 Simulink 提供的图形用户界面（GUI）上，只要进行简单的拖拉操作就可构造出复杂的仿真模型。它外表以方块图形式呈现，且采用分层结构。从建模角度讲，这既适于自上而下（Top-down）的设计流程（概念、功能、系统、子系统，直至器件），又适于自下而上（Bottom-up）的逆程设计。从分析研究角度讲，这种 Simulink 模型不仅能让用户知道具体环节的动态细节，而且能让用户清晰地了解各器件、各子系统、各系统间的信息交换，掌握各部分之间的交互影响。

　　在 Simulink 环境中，用户将摆脱理论演绎时必须做理想化假设的无奈，观察到现实世界中摩擦、风阻、齿隙、饱和、死区等非线性因素和各种随机因素对系统行为的影响；用户可以在仿真进程中改变感兴趣的参数，实时观察系统行为的变化。

　　基于以上理由，本书的仿真建模将基于 MATLAB 的 Simulink 交互式仿真集成平台展开，即以 Simulink 作为仿真环境。

（二）仿真模型结构

　　本仿真模型将实现以下功能：首先基于第二章的企业基本价值流模型，模拟 JX 钢管有限公司的企业基本价值流；然后根据企业财务危机的标准，判断企业是否出现财务危机。

　　建模方式采用自上而下模式，模型整体结构（见图 4-3）主要分为两层（部分涉及第三层），包括七个子系统：输入子系统 Input（见图 4-4）、供销子系统 Purchase & Sale（见图 4-5）、生产子系统 Product Line（见图 4-6）、固定资产子系统 Fixed Asset（见图 4-7）、成果归集子系统 Gains（见图 4-8）、现金流量子系统 Cash Flows（见图 4-9）、重组子系统 Reorganization（见图 4-10）。模块 Slide Gain ~ Slide Gain6 为系统输入参数调整器，模块 To Workspace 为系统输出。仿真模型取名为 mysim1120.mdl。

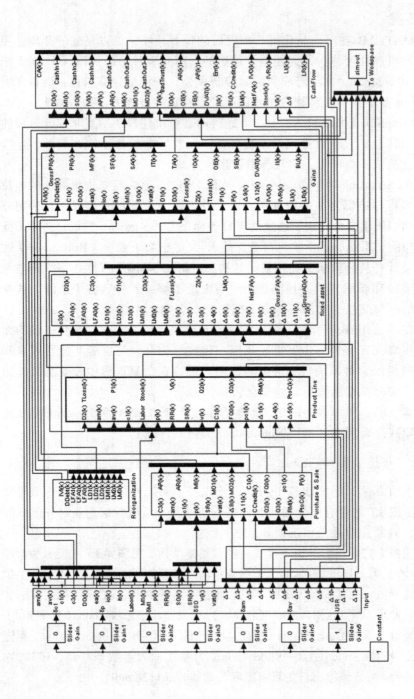

图 4-3　仿真模型

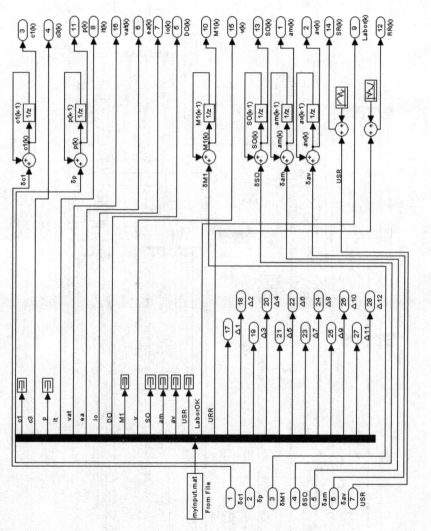

图 4-4　输入子系统

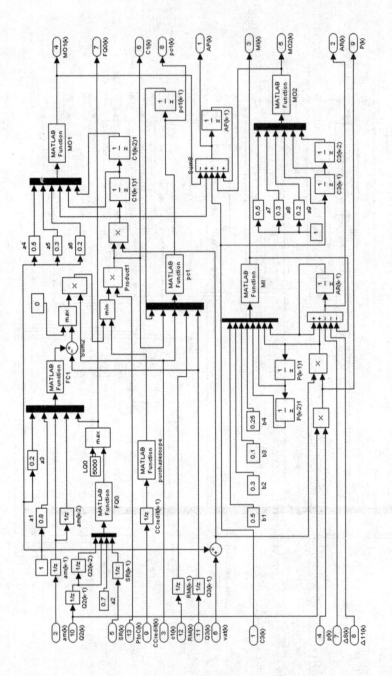

图 4-5　供销子系统

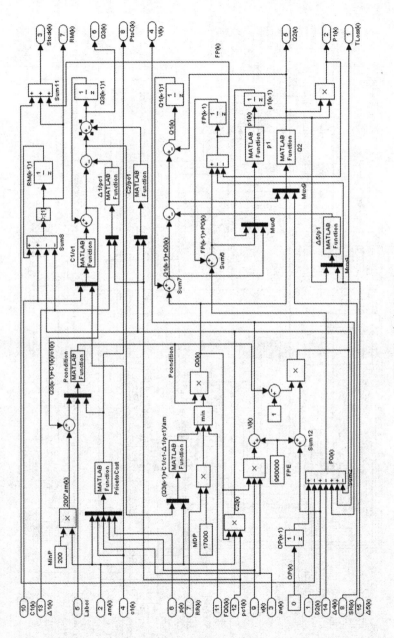

图 4-6 生产子系统

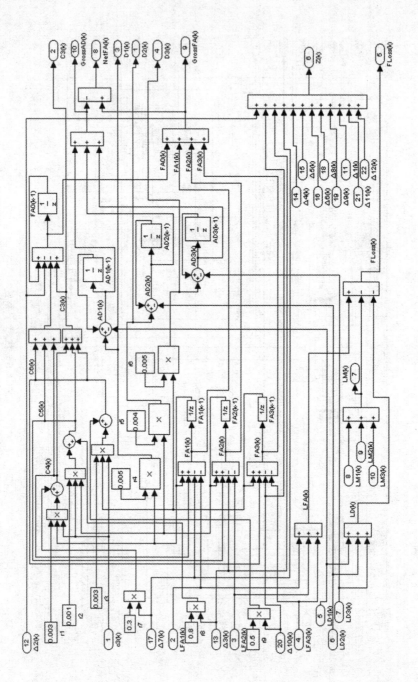

图 4-7　固定资产子系统

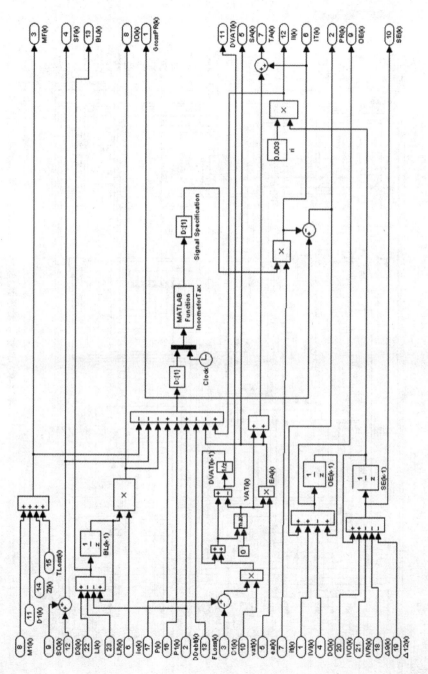

图 4-8　成果归集子系统

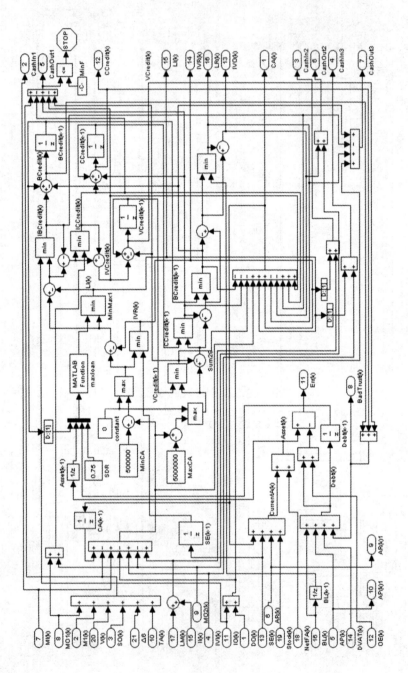

图 4-9 现金流量子系统

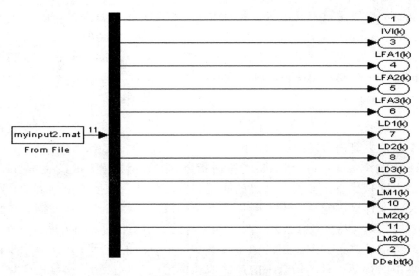

图 4-10 重组子系统

下面对仿真模型各主要组成部分进行说明。

1. 输入子系统

输入子系统包括 28 个输入输出。输入由模块 From File 及其对应的数据文件 myinput.mat 决定。但其中 δc_1, δp, δM_1, δSO, δa_m, δa_v, USR 等 7 个变量是影响企业价值流的主要变量，也是作者将要仿真研究的，故单独列出，这些变量由一级系统中的 Slide Gains 模块给出，以备系统随时改变，暂时不受 myinput.mat 对应行数据的影响。注意：其中 USR 为"促销力度"的均值（促销力度的概念见"供销子系统"中的说明），其附加的随机数均值取 0、均方差取 0.01、初始值取 0。$c_3(k)$, $it(k)$, $vat(k)$, $ea(k)$, $io(k)$, $DO(k)$, $v(k)$, Labor, URR, $\Delta_1 \sim \Delta_{12}$ 等 21 个变量为一般变量，其中 Labor 表示人工是否正常（如是否充足、是否罢工），由于企业一直人工过剩又没有出现大的工潮，未出现由于人工原因影响生产的情况，故 Labor 一直取常量 1；URR 表示设备正常率的均值，研究期间生产一直不饱满且德国设备很稳定，基本上未出现因设备原因影响生产的情况，运行率的均值取常数 0.9，附加的随机数发生器均值取 0、均方差取 0.01、初始值取 0，实际上不会影响生产。

说明：From File 模块要求的数据文件格式是，第一行为仿真时刻，仿真时刻必须递增；其他每行各对应一个变量。本仿真采样周期为 1 个月，myinput.mat 文件的第 1 行为月份，参数值从 1 到 72；第 2 至 29 行，分别代表 c_1, c_3, p, it, vat, ea, io, DO, M_1, v, SO, am, av, USR, Labor, URR, $\Delta_1 \sim \Delta_{12}$ 变量的参数值。

2. 供销子系统

供销子系统包括 13 个输入、9 个输出。生产量采用指数平滑法预计，并考虑过去促销力度的影响，预计产量 $FQ_0(k)=[a_2 \times Q_2(k-1) + (1-a_2) \times Q_2(k-2)] \times SR(k-1)$，其中 a_2 为平滑指数，Q_2 为销售量，SR 为促销力度。促销力度是代表企业促进销售的愿望和行动强度，一般可根据有效订单增长情况计算确定；它有不断提高产销的效果，但与产销率不同，产销率不能长期保持大于 1，无法产生不断增长的结果，而促销力度可以；它与产销增长率正相关，但产销增长率是一个事后的指标，无法表示事前和事中的行动，且产销合一的产销增长率无法产生产销不平衡的变化，不合实际情况；理想情况下促销力度与事后的销售增长率有单调递增关系（具体函数关系及其推导过程见附录 1）。该计算由模块 FQ_0 实现。但是，为了保证企业能恢复正常生产，预计产量的下限取 $LQ_0=5\,000$ 吨。由于采购是在生产之前进行的，实际消耗率 am(k) 当时还没有出来，只能预计，本书采用指数平滑法预计 $am(k) = a_1 \times am(k-1) + (1-a_1) \times am(k-2)$，记为 Fam(k)，其中 a_1 为平滑指数，本书取 0.8。同样地，由于生产与销售的连续性，应该准备下月的部分材料，本书按当月预计产量乘以准备率确定，a_3 为准备率，故材料需求量为 $(1+a_3) \times [a_2 \times Q_2(k-1) + (1-a_2) \times Q_2(k-2)] \times SR(k-1) \times Fam(k)$。该计算由模块 FC1 实现。实际材料采购量为材料需求量减去现有库存 $Q_3(k-1)$，但实际采购量不能为负数，所以有一个与 0 进行比较取大的问题。实际材料采购量乘以单价 $c_1(k)$ 即为预计采购成本（未含税），但企业可能不能采购到预计的数量，因为企业如果信誉受到损害，只能"现金付款"或"结清上批、供应下批"。本书假设信誉良好时最大采购量 HCredit 为¥3 000 万元，信誉受损（拖欠货款 CCredit 不等于零）时最大采购量 LCredit 为¥500 万元（以上两个数字不含税）。上述约束由模块 purchasescope 及其对应的 m 文件：purchasescope.m 实现（见附录 2 和附录 3）。还有一个约束，就是如果产品售价小于等于产品变动成本(由 PtoC=0 表示)，不进行生产，也不采购。符合约束条件的实际采购量为 $C_1(k)$，$C_1(k)$ 乘以 $(1+vat(k))$ 为含税采购量，

则实际采购数量为 $qc_1(k)=C_1(k)/c_1(k)$。

再假设钢铁市场的正常信用为当月支付率 a_4、下月支付率 a_5、再下月支付余下的部分（支付率 $a_6=1-a_4-a_5$）。因此，当月原材料采购支出 $MO_1(k)=a_4\times C_1(k)\times(1+vat(k))+a_5\times C_1(k-1)\times(1+vat(k))+a_6\times C_1(k-2)\times(1+vat(k))$。计算由模块 MO_1 实现（见附录 2）。

固定资产支付也遵循类似的规则。当月支付率 a_7、下月支付率 a_8、再下月支付余下的部分（支付率 $a_9=1-a_7-a_8$）。因此，当月固定资产采购支出 $MO_2(k)=a_7\times C_3(k)+a_8\times C_3(k-1)+a_9\times C_3(k-2)$。计算由模块 MO_2 实现（见附录 2）。

本月应付账款余额 $AP(k)=$ 上期应付账款余额 $AP(k-1)+$ 本月含税材料采购 $C_1(k)\times(1+vat(k))+$ 本月固定资产采购额 $C_3(k)-$ 本月原材料支付款 $MO_1(k)-$ 本月固定资产支付款 $MO_2(k)$。

根据上月材料库存金额 $RM(k-1)$、库存数量 $Q_3(k-1)$，本月采购金额 $C_1(k)$、单价 $c_1(k)$，可以求出加权平均单价 $pc_1(k)=[RM(k-1)+C_1(k)]/[Q_3(k-1)+C_1(k)/c_1(k)]$，由于担心出现分母为零（零库存加零采购），强制这种情况下单价为上期单价。以上计算由模块 pc_1 及其对应的 m 文件（M-file）：pc1.m 完成（见附录 2 和附录 4）。

当月实际销售数量 $Q_2(k)$ 乘以销售单价 $p(k)$ 等于本期销售收入 $P(k)$，不含税。$P(k)$ 乘以（$1+vat(k)$）为含税收入。假设实际收款的规律为，某月的实际销售额中，当月收款率 b_1、下月收款率 b_2、再下月收款率 b_3，账龄三个月以上的每月只能追回余额的 b_4。所以，本期收款 $MI(k)=[1+vat(k)]\times[b_1\times P(k)+b_2\times P(k-1)+b_3\times P(k-2)+b_4\times(AR(k-1)-(1-b_1)\times P(k-1)-(1-b_1-b_2)\times P(k-2)]$，其中 AR 为应收账款余额。以上计算由模块 MI 实现（见附录 2）。推导如下：

在 $k-1$ 月末应收账款余额中，包含 $(k-1)$ 月的销售额为 $(1-b_1)\times P(k-1)\times(1+vat(k))$，包含 $k-2$ 月的销售额为 $(1-b_1-b_2)\times P(k-2)\times[1+vat(k)]$，包含 $k-3$ 月的销售额为 $(1-b_1-b_2-b_3)\times P(k-3)\times[1+vat(k)]$，但 $(k-3)$ 月的销售额在 k 月末看来已经超过三个月账龄。

于是，本月末的应收账款余额 $AR(k)=AR(k-1)+$ 本期含税销售额 $P(k)\times[1+vat(k)]-$ 本月收款 $MI(k)-$ 损失 $\Delta_8(k)-\Delta_{11}(k)$（这里假设损失的都是账龄在三个月以上的）。

3. 生产子系统

生产子系统包括 15 个输入、8 个输出。生产要正常进行必须满足 3 个条件: 一是劳动力正常 Labor=1; 二是上期原材料库存数量 $Q_3(k-1)$ 加上本期采购数量 $C_1(k)/c_1(k)$ 大于或等于最小生产批次产量的原材料要求 $MinP \times am(k)$; 三是单位变动成本 $am(k) \times c_1(k) + av(k) \times v(k)$ 小于销售单价 $p(k)$。其中第三个条件由模块 PricetoCost 及其对应的 M-file: PricetoCost.m 实现(见附录 5 和附录 6)。这三个条件的联合由模块 Pcondition 及其对应的 M-file: Pcondition.m 实现(见附录 5 和附录 7)。

当月的实际产量 $Q_0(k)$ 由三个因素决定: 一是计划产量 $FQ_0(k)$。二是当月设备限量。生产线的最大生产能力为 20 万吨/年,约 1.7 万吨/月,即 MDP=17 000。当月的设备运行正常率 $RR(k)$ 乘以 MDP,就是当月的实际最大产量。三是原材料约束,最大产量为 $(Q_3(k-1)+C_1/c_1-\Delta_1/pc_1)/am$。其中第三个因素由模块 $(Q_3(k-1)+C_1/c_1-\Delta_1/pc_1)/am$ 实现(见附录 5)。当月实际产量就是这三者中的小者,还得满足 Pcondition=1。

$Q_0(k)$ 乘以 $am(k)$,$pc_1(k)$ 即为本期的材料投入 $C_2(k)$; $Q_0(k)$ 乘以 $av(k)$,$v(k)$,加上固定生产开支 FPE,即为本期的人工投入 $V(k)$。于是,本期末原材料库存价值 $RM(k)$ 等于上期末库存 $RM(k-1)$,加上本期采购 $C_1(k)$,减去本期投入 $C_2(k)$,加上本期原材料价值增量 $\Delta_1(k)$。同样的,本期末原材料库存数量 $Q_3(k)$ 等于上期末库存 $Q_3(k-1)$,加上本期采购 $C_1(k)/c_1(k)$,减去本期投入 $C_2(k)/pc_1(k)$,加上本期原材料价值增量 $\Delta_1(k)/pc_1(k)$。其中 $C_1(k)/c_1(k)$,$C_2(k)/pc_1(k)$,$\Delta_1(k)/pc_1(k)$ 分别由相应的模块实现(见附录 5)。

本月原材料投入 $C_2(k)$、人工投入 $V(k)$、设备折旧 $D_2(k)$,加上前后期在产品价值变化,以及在产品价值增量,即为本期生产产成品的价值 $P_0(k)$。但这里存在一个特殊情况,就是本月停工,此时固定生产开支 FPE 和折旧 $D_2(k)$ 不能进入产成品价值,而是直接进入停工损失 $TLoss(k)$。

根据上期产品库存价值 $FP(k-1)$、本期生产产品价值 $P_0(k)$、上期库存数量 $Q_1(k-1)$、本期生产产品数量 $Q_0(k)$,可以得出本期加权平均产品单位成本 $p_1(k)=[FP(k-1)+P_0(k)]/[Q_1(k-1)+Q_0(k)]$。

这里还要考虑另一种特殊情况,即 $FP(k-1)+P_0(k)=0$,既没有上期库存,又没有本期生产,这是产品单位成本 $p_1(k)$ 直接取上期的 $p_1(k-1)$。p_1 的计算由相应的模块 p1 及其对应的 M-file: p1.m 实现(见附录 5 和附录 8)。

根据本期产成品价值损失 $\Delta_5(k)$、加权单位产品成本 $p_1(k)$,可以求得

产成品损失数量 Δ_5/p_1，由相应模块实现（见附录 5）。

　　根据产销率 SR(k)、产量 $Q_0(k)$ 以及最大可销售量 $Q_1(k-1)+Q_0(k)-\Delta_5(k)/p_1(k)$，可以求出本期销售数量 $Q_2(k)$，具体由模块 Q2 及其对应的 M-file：Q2.m 实现(见附录 5 和附录 9)。再根据加权单位产品成本 $p_1(k)$，可以得到产品销售成本 $P_1(k)$。于是，本期末产成品库存余额价值 FP(k) 为上期末产成品库存余额价值 FP(k-1)，加上本期生产入库 $P_0(k)$，减去本期销售出库 $P_1(k)$，再加上本期产成品价值增量 $\Delta_5(k)$。同样的，本期末产成品库存数量 $Q_1(k)$ 为上期末产成品库存余额数量 $Q_1(k-1)$，加上本期生产入库数量 $Q_0(k)$，减去本期销售出库 $Q_2(k)$，再加上本期产成品价值增量代表的数量 $\Delta_5(k)/p_1(k)$。

　　最后，期末存货价值 Inventory(k) 等于期末原材料库存 RM(k)、在产品库存 OP(k)、产成品库存 FP(k) 之和。(说明 : 在程序中 , 所有 Inventory(k) 都标识为 "Stock(k)"；由于是连续生产线，按批次生产，可以认为没有在产品（或在产品为固定值），本书强制在产品 OP(k)=0)

　　4. 固定资产子系统

　　固定资产子系统包含 22 个输入、10 个输出。本模块主要管理固定资产的损失、增减、折旧、清理。

　　（1）考虑固定资产更新。r_1，r_2，r_3 分别为管理部门固定资产、生产部门固定资产、销售部门固定资产的更新率，则本月固定资产更新价值分别为 $LFA_1(k)\times r_1\times c_3(k)$，$LFA_2(k)\times r_2\times c_3(k)$，$LFA_3(k)\times r_3\times c_3(k)$，其中 $c_3(k)$ 为设备价格系数。

　　（2）考虑固定资产折旧。r_4，r_5，r_6 分别为管理部门固定资产、生产部门固定资产、销售部门固定资产的折旧率，则本月管理部门固定资产折旧 $D_1(k)$ 为 $LFA_1(k-1)\times r_4$，生产部门固定资产折旧 $D_2(k)$ 为 $LFA_2(k-1)\times r_5$，销售部门固定资产折旧 $D_2(k)$ 为 $LFA_3(k-1)\times r_6$；本期末管理部门固定资产的累计折旧 $AD_1(k)$ 等于上期末累计折旧 $AD_1(k-1)$，加上本期折旧 $D_1(k)$，减去本期清理固定资产所带走的折旧 $LD_1(k)$，其他部门依次类推。于是，本期末总固定资产累计折旧 $GrossAD(k)=AD_1(k)+AD_2(k)+AD_3(k)$。

　　（3）考虑固定资产损失。不同部门的固定资产损失的弥补率是不同的，r_7，r_8，r_9 分别是管理部门、生产线、销售部门的损失弥补率。一般来讲，生产线的弥补率 r_8 最大，因为不充分弥补就会影响生产；管理部门的必要弥补率 r_7 最小，因为工作条件的一定范围下降对工作影响有限，且设备一般可以互相调剂或共用；销售部门在工作条件下本来类似于管理部门，但涉及对外形象问题，所以必要弥补率 r_9 高于管理部门但低于生产线。则管理部门、生产线、销售部门固定资产损失的弥补额分别为 $\Delta_7 \times r_7$、$\Delta_3 \times r_8$、$\Delta_{10} \times r_9$，$C_3(k)=(LFA_1(k) \times r_1 \times c_3(k) + \Delta_7 \times r_7) + (LFA_2(k) \times r_2 \times c_3(k) + \Delta_3 \times r_8) + (LFA_3(k) \times r_3 \times c_3(k) + \Delta_{10} \times r_9)$。于是，本期末设备仓库的固定资产原值 $FA(k)$ 为上期末固定资产原值 $FA(k-1)$，加上本期固定资产更新 $C_3(k)$，减去各部门固定资产投入 $C_4(k)$，$C_5(k)$，$C_6(k)$，再减去固定资产价值损失 $\Delta_2(k)$；管理部门固定资产原值 $FA_1(k)$ 等于上期末固定资产原值 $FA_1(k-1)$，加上本期固定资产投入 $C_4(k)$，再减去固定资产价值损失 $\Delta_7(k)$，再减去固定资产清理带走的原值 $LFA_1(k)$；其他部门类推。本例假设处于危机中的企业没有进行大型固定资产更新，所有的小更新在当期就投入使用，即 $C_3(k)=C_4(k) + C_5(k) + C_6(k)$。本期末总固定资产原值 $GrossFA(k)= FA(k) + FA_1(k) + FA_2(k) + FA_3(k)$。

（4）考虑固定资产清理。总固定资产清理带走原值 $LFA(k)=LFA_1(k) + LFA_2(k) + LFA_3(k)$，带走折旧 $LD(k)= LD_1(k) + LD_2(k) + LD_3(k)$，清理收入 $LM(k)=LM_1(k) + LM_2(k) + LM_3(k)$。本例假设清理收入均为现金且当期收到。于是，固定资产清理带来的损失 $FLoss(k)=LFA(k) - LD(k) - LM(k)$。

（5）考虑他项损失。$\Delta_1 \sim \Delta_{12}$ 求和，就得到他项损失 $Z(k)$。

5. 成果归集子系统

成果归集子系统包括 23 个输入、13 个输出。

本期管理费用 $MF(k)$ 等于本期管理现支 $M_1(k)$，加上本期管理部门固定资产折旧 $D_1(k)$、他项损失 $Z(k)$、停工损失 $TLoss(k)$。这里假设他项损失 $Z(k)$ 全部进入管理费用。

本期销售费用 $SF(k)$ 等于本期销售开支 $SO(k)$ 加上销售部门固定资产折旧 $D_3(k)$。

本期产品销售附加税费 $EA(k)$ 等于本期应交增值税乘以附加率 $ea(k)$，但注意，当出现增值税进项大于增值税销项时，会出现待抵扣增值税 $DVAT(k)$，即税务局不可能立即退库，某期缴纳的增值税及其附加税费都不能小于零。

本期银行贷款余额 $BL(k)$ 等于上期银行贷款余额 $BL(k-1)$，加上本期新增贷款 $LI(k)$，减去本期归还贷款 $LR(k)$，以及债务重组减免的负债 $DDebt(k)$。这里假设减免的都是银行贷款。

本期的财务费用（利息费用）IO(k)等于上期的银行贷款余额 BL(k − 1)乘以本期银行利率 io(k)。

本期对外投资余额 SE(k)等于上期对外投资余额 SE(k − 1)，加上本期新增投资 IVO，减去本期投资收回 IVR，再减去本期对外投资价值损失$\Delta_9(k)$、$\Delta_{12}(k)$。上期对外投资余额 SE(k − 1)乘以投资收益率 r_i，即为本期投资收益。

本期销售收入 P(k)，减去产品销售成本 $P_1(k)$，减去产品销售附加税费 EA(k)（增值税 VAT(k)是价外税，不列入），减去管理费用 MF(k)、销售费用 SF(k)、财务费用（利息费用）IO(k)，再加上投资收益 II(k)，减去营业外支出（固定资产清理损失）FLoss(k)，即得到本月所得税前利润 GrossPR(k)。

由于所得税是按年征收（但经常分期预交、多退少补），且所得税税前利润为零时所得税为零（不能为负），本书假设当月利润为正时按实征收，为负时不征收，年底多退少补。以上计算由模块 IncomeforTax 及其 M-file：IncomeforTax.m 实现（见附录10）。本月所得税税前利润 GrossPR(k)减去本月所得税 IT(k)，得到本期净利润 PR(k)。

本期末所有者权益 OE(k)等于上期所有者权益，加上本期净利润 PR(k)，加上本期所有者增资 IVI(k)，减去本期股利 DO(k)，再加上本期债务重组收入 DDebt(k)。

6. 现金流量子系统

现金流量子系统包括21个输入、16个输出。

本书假设企业把银行贷款和短期投资作为现金余额调节的手段。策略如下：先计算不改变银行贷款和短期投资情况下的现金余额，如果该余额小于企业确定的最低余额，则首先考虑兑现短期投资；若不够，则考虑贷款；若还不够，则先拖欠银行利息，再拖欠商业贷款，最后拖欠工资。因为有国企背景，银行相对照顾；而商业信用很重要，拖欠货款导致信用形象不佳，享受不到正常商业信用，只能"现款交易"或"结清上批货款才供下批货"，信用额度降低导致进货困难；而拖欠工资会影响生产积极性和职工生活，甚至导致停工。反过来，还清欠款可以恢复信用，还款顺序相反：先补发工资，还货款后还银行利息；如果还有余，则增加短期投资。

先把上期现金余额 CA(k − 1)，加上本期销售回款 MI(k)，减去经营性流出 $[MO_1(k) + M_1(k) + V(k) + SO(k) − \Delta_6 + TA(k)]$，加上投资性流入 $[LM(k) + II(k)]$，减去固定资产投资支出 $MO_2(k)$，再加上投资者新增投入 IVI(k)，减去利息支出 IO(k)和股利 DO(k)，得到调整前的现金余额。该余额如果小于最低现金余额 MinCA，则计算其差额 1（不能小于 0），该差额 1 首先尽可能用短期投资兑现弥补，取上期末短期投资的余额 SE(k－1) 与该差额 1 中的较小者作为短期投资兑现额 IVR(k)(假设等价兑现，若有盈亏，调整利息收入)；其次计算差额 1 与兑现额 IVR(k)的差，得到差额 2，如果大于 0，表示未弥补完，则考虑用银行贷款弥补：先根据银行贷款条件规定最高的资产负债率 SDR、上期末的总资产 Asset(k)、总负债 Debt(k)、计算当前最大的贷款量(但如果存在拖欠银行利息的行为，则不能得到贷款)，该计算由模块 maxloan 及其对应的 M-file：maxloan.m 完成，取差额 2 与当前最大的贷款量中的较小者作为新增银行贷款 LI(k)；接着计算差额 2 与新增银行贷款 LI(k)的差，得到差额 3，如果大于 0，表示未弥补完，则考虑用拖欠银行贷款利息弥补：取差额 3 与当期银行贷款利息 IO(k)中的较小者作为新增拖欠额 IBCredit(k)；然后计算差额 3 与新增拖欠额 IBCredit(k)的差额 4，如果大于 0，取差额 4 与当期应还货款（MO_1 + MO_2）中的较小者作为新增拖欠货款 ICCredit(k)；最后计算差额 4 与 ICCredit(k)的差，如果大于 0，全部由新增拖欠工资 IVCredit(k)解决。

如果调整前的现金余额大于最高现金余额 MaxCA，则计算其与 MaxCA 的差额 5（不能小于 0），该差额 5 首先用于补发拖欠的工资，取差额 5 与 VCredit(k－1)两者中较小者作为补发工资 DVCredit(k)；其次计算差额 5 与 DVCredit(k)之差作为差额 6，如果大于 0，取差额 6 与拖欠货款 CCredit(k－1)中的较小者作为归还额 DCCredit(k)；接着计算差额 6 与货款归还额 DCCredit(k－1)之差得到差额 7，如果大于 0，表示还有剩余，则考虑归还拖欠的银行贷款利息，取差额 7 与拖欠的银行贷款利息 BCredit(k－1)两者中较小者作为归还额 DBCredit(k)；然后计算差额 5 与 DBCredit(k)的差，得到差额 8，如果还有剩余，则归还贷款，取差额 8 与 DBCredit(k)两者中的较小者作为贷款归还额 LR(k)；最后计算差额 6 与 LR(k)，如果大于 0，全部用于新增短期对外投资 IVO(k)。

于是，调整后的现金余额 CA(k)等于调整前的现金余额，加上 IVR(k)、LI(k)、IBCredit(k)、ICCredit(k)、IVCredit(k)，减去 DVCredit(k)、DCCredit(k)、DBCredit(k)、LR(k)、IVO(k)。

经营性现金流入 CashIn1(k)为 MI(k)。经营性现金流出 CashOut1(k) 包括原材料采购付款 $MO_1(k)$、管理现支 $M_1(k)$、人工支出 V(k)、销售支出 SO(k)、现金损失 $\Delta_6(k)$、税费 TA(k)，再加上清欠过去的工资拖欠

DVCredit(k)、货款拖欠 DCCredit(k)，减去新增加的工资拖欠 IVCredit(k)、货款拖欠 ICCredit(k)。

本期投资收入 II(k)，加上本期清理固定资产收入 LM(k)，再加上回收对外投资 IVR(k)，得到投资性现金流入 CashIn2(k)。本期固定资产采购付款 $MO_2(k)$，加上本期新增对外投资 IVO(k)，得到投资性现金流入 CashOut2(k)。

本期接受投资者增资 IVI(k)，加上本期新增贷款 LI(k)，得到本期筹资性现金流入 CashIn3(k)。本期利息支出 IO(k)，加上本期股利支出 DO(k)、本期贷款本金归还 LR(k)、本期归还前期拖欠贷款利息 DBCredit(k)，减去本期新增拖欠贷款利息 IBCredit(k)，得到本期筹资性现金流出 CashOut3(k)。

本期末现金余额 CA(k)，加上对外投资余额 SE(k)、应收账款 AR(k)、存货 Inventory(k)，得到流动资产 CurrentA(k)。流动资产 CurrentA(k)加上固定资产净额 NetFA(k)，得到总资产 Asset(k)。

本期末贷款余额 BL，加上应付账款余额 AP，加上应交增值税(待抵扣进项)DVAT(k)，加上拖欠银行贷款利息、拖欠货款 BCredit(k)、CCredit(k)，得到本期总负债 Debt(k)。如果存在拖欠，即 VCredit(k) + BCredit(k) + CCredit(k)>0，则表示信用出现问题，BadCredit(k)≠0。如果所有者权益 OE(k)加上总负债 Debt(k)，不等于总资产 Asset(k)，则表示出错，Err(k)= Asset(k) − Debt(k)≠0。

当经营性现金流出 CashOut1 小于某个企业运行的最低限额，比如 MinF 时，可以认为企业已经基本停止。此时，停止仿真。

7. 重组子系统

重组子系统包括 11 个输出，数据来源于模块 From File：myinput2.mat。myinput2.mat 的第 1 行为仿真时刻，第 2 至 11 行分别是所有者增资 IVI(k)、固定资产清理 $LFA_1(k) \sim LFA_3(k)$、$LD_1(k) \sim LD_3(k)$、$LM_1(k) \sim LM_3(k)$，以及债务重组收益 DDebt(k)。进入财务危机后，或财务重组（所有者增资、债务重组）、或资产重组（收缩规模、资产清理）、或它们的组合。本书把这些单列一个模块。资产清理可以是平时的正常报废处理，也列于这个模块中。

8. 系统输入参数调整器

滑动增益模块 Slide Gain ~ Slide Gain6。Slide Gain ~ Slide Gain6 分别调整原材料价格变动 δc_1、产品售价变动 δp、管理开支变动 δM_1、销售开支变动 δs_o、原材料消耗率变动 δam、人工消耗率变动 δav、促销力度 USR。

9. 输出模块 TO Workspace

TO Workspace 模块的输出结果将存在于基本空间的数组中，其格式为：数组各列代表输出变量，各行代表仿真时刻。simout 数组包括 30 个列，即 30 个输出变量，各列（以列号表示）代表的输出变量的含义如表 4-2 所示。

表 4-2　simout 数组中各列代表的输出变量

资产负债表			
现金 CA	①	银行贷款 BL	㉓
对外投资 SE	⑳	应付账款 AP	⑩
应收账款 AR	⑨	待抵扣增值税	㉑
存货 Inventory	㉔	拖欠 BadTrust	⑧
固定资产原值 GrossFA	㉙	负债总额	=㉓+⑩+㉑+⑧
累计折旧 GrossAD	㉚	所有者权益	⑲
资产总额	=①+⑳+⑨+㉔+㉙-㉚	权益总额	=㉓+⑩+㉑+⑧+⑲
利润表		现金流量表	
销售收入 P	㉕	经营性现金流入 CashIn1	②
销售成本 P1	㉖	经营性现金流出 CashOut1	⑤
销售税金及附加 SA	⑯	经营性现金净流量	=②-⑤
管理费用 MF	⑭	投资性现金流入 CashIn2	③
销售费用 SF	⑮	投资性现金流出 CashOut2	⑥
财务费用 IO	⑱	投资性现金净流量	=③-⑥
投资收益 II	㉒	筹资性现金流入 CashIn3	④
营业外收入 DDebt	㉗	筹资性现金流出 CashOut3	⑦
营业外支出 FLoss	㉘	筹资性现金净流量	=④-⑦
总利润 GrossPR	⑫		
所得税 IT	⑰		
净利润 PR	⑬	现金增量	=②+③+④-⑤-⑥-⑦
错误 err⑪			

第三节 仿真准备与仿真过程

一、系统状态变量的初始值

根据第二节"企业简介"，对 mysim1120.mdl 进行了初始值设置。在 MATLAB 的 Command Window 中输入命令："[sizes，x0，StateCell]= mysim1120；"和"SIZES=sizes'，StateCell，X0=x0'"，可得到该系统的状态变量个数、状态变量的名称及其初始值。状态变量的初始值如表 4-3 所示。

表 4-3　系统状态变量及其初始值一览表

状态变量	初始值
mysim1120/CashFlow/BCredit（k－1）	0
mysim1120/Product Line/Q3（k－1）1	800
mysim1120/CashFlow/CCredit（k－1）	0
mysim1120/CashFlow/VCredit（k－1）	0
mysim1120/CashFlow/CA（k－1）	5 000 000
mysim1120/Purchase & Sale/am（k－1）	1.08
mysim1120/Purchase & Sale/am（k－2）	1.08
mysim1120/Purchase & Sale/Q2（k－2）	5 000
mysim1120/Purchase & Sale/Q2（k－1）	5 000
mysim1120/Purchase & Sale/SR（k－1）	1
mysim1120/Product Line/FP（k－1）	1 925 982.5
mysim1120/Purchase & Sale/Q3（k－1）	800
mysim1120/Product Line/OP（k－1）	0
mysim1120/Product Line/Q1（k－1）1	950
mysim1120/Input/c1（k－1）	1 469.39
mysim1120/Product Line/p1（k－1）	2 027.35
mysim1120/Purchase & Sale/CCredit（k－1）	0
mysim1120/Fixed Asset/FA2（k－1）	218 000 000

状态变量	初始值
mysim1120/Input/am（k−1）	1.08
mysim1120/Product Line/RM（k−1）1	1 176 000
mysim1120/Input/av（k−1）	24
mysim1120/Input/p（k−1）	2 279.83
mysim1120/Purchase & Sale/pc1（k−1）	1 470
mysim1120/Purchase & Sale/RM（k−1）	1 176 000
mysim1120/Purchase & Sale/C1（k−1）1	6 280 000
mysim1120/Purchase & Sale/C1（k−2）1	6 300 000
mysim1120/Input/M1（k−1）	1 300 000
mysim1120/Input/SO（k−1）	366 000
mysim1120/Gains/DVAT（k−1）	0
mysim1120/Fixed Asset/FA1（k−1）	42 000 000
mysim1120/Fixed Asset/FA3（k−1）	14 000 000
mysim1120/Gains/BL（k−1）	103 400 000
mysim1120/Gains/SE（k−1）	0
mysim1120/Purchase & Sale/P（k−2）1	12 118 050
mysim1120/Purchase & Sale/P（k−1）1	11 399 150
mysim1120/Purchase & Sale/AR（k−1）	13 000 000
mysim1120/Purchase & Sale/C3（k−1）	850 000
mysim1120/Purchase & Sale/C3（k−2）	850 000
mysim1120/Cash Flows/Asset（k−1）	205 101 982.5

二、判断分析 m 文件

为了便于对企业的财务状况进行判断分析，作者编制了一个 m 文件：clh1116.m。其主要内容包括三部分：一是运行 mysim1120，得到其输出结果；二是根据输出结果按年给出资产负债表、损益表和现金流量表的数据；三是根据上述结果对企业的财务状况指标进行分析判断。主要的分析判断指标有：

（1）财务危机。财务危机的标准是：连续 6 个月存在拖欠行为且第 6 个月的拖欠额大于当月的现金余额，也就是说，无法清偿到期债务且呈持续状态。而摆脱财务危机的标准是：连续 3 个月不存在拖欠。

（2）流动比率。每年末计算"流动比率=流动资产/流动负债"。

（3）速动比率。每年末计算"速动比率=速动资产/流动负债"。

（4）权益利润率。每年末计算"权益利润率=当年净利润/［（年初所有者权益＋年初所有者权益）/2］"。

（5）资产负债率。每年末计算"资产负债率=负债总额/资产总额"。

（6）总资产周转率。每年末计算"总资产周转率=销售收入/总资产"。

说明：由于银行贷款到期涉及每一笔具体的贷款期限，过于复杂。作者在分析企业的贷款期限后，假设所有贷款中长短期之比保持 3∶1，即短期贷款占 1/4，长期贷款占 3/4。

三、仿真过程

仿真过程为：首先确定参照系统；其次分别改变原材料价格、产品价格、管理费用、销售费用、原材料消耗、"人工"消耗、促销力度，仿真单个正向、负向作用以及临界点；再次仿真综合作用，包括实际市场下的综合作用、常规的财务危机自救措施、自救＋有限外援；最后仿真重组，包括实际的大规模重组、力度不足的重组，以及有效重组的注资额临界值。仿真期间为 1999 年 1 月—2004 年 12 月，采样周期为 1 个月。

1. 参照系统

取 $\delta c_1=0$，$\delta p=0$，$\delta M_1=0$，$\delta SO=0$，$\delta am=0$，$\delta av=0$，$USR=1$（其他参数值来自模块 From File：myinput.mat，即 $c_3 \equiv 1$，$it \equiv 0.33$，$vat \equiv 0.17$，$ea \equiv 0.1$，$io \equiv 0.005$，$DO \equiv 0$，$v \equiv 7.5$，$Labor \equiv 1$，$URR \equiv 0.9$，$\Delta_1 \sim \Delta_{12} \equiv 0$）作为系统初始参数。上述参数值设置的含义：在整个仿真期间，系统参数保持 1998 年 12 月的参数值不变，$c_1 \equiv 1\,469.39$，$p \equiv 2\,279.39$，$M_1 \equiv 130$ 万，$SO \equiv 36.6$ 万，$am \equiv 1.08$，$av \equiv 24$，$USR \equiv 1$。这时的系统称为参照系统，以作为上述参数变化时系统状态改变情况的对照。运行 clh1116.m，得到仿真输出结果 simout 的内容和结果分析（图 4-11）等。

从图形上可以看出，企业将在第 34 个月发生财务危机，企业各项财务指标不断恶化。

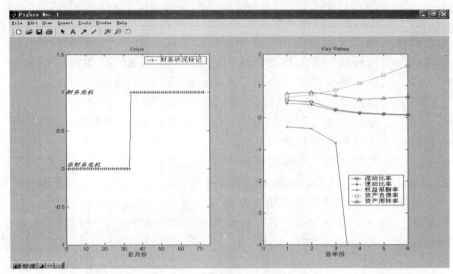

图 4-11　参照系统的结果分析

2. 改变原材料价格 c_1

（1） c_1 按月增加 1%，即设 $\delta c_1 = 1\,469.39 \times 1\% = 14.69$。通过设置滑动增益模块 Slider Gain 完成。其他参数保持参照系统。运行 clh1116.m，得到仿真输出结果 simout 的内容和结果分析（图 4-12）等。

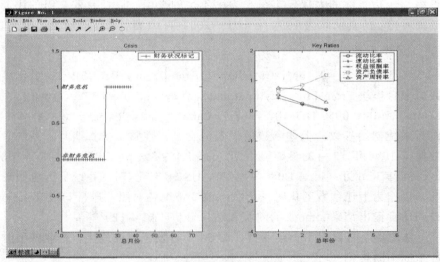

图 4-12　+1%c_1 的结果分析

从图形上可以看出，企业将在第 24 个月进入财务危机，比参照系统提前 10 个月。

（2）c_1 按月减少 1%，即设 $\delta c_1 = 1\,469.39 \times (-1\%) = -14.69$。通过设置滑动增益模块 Slider Gain 完成。其他参数保持参照系统。运行 clh1116.m，得到仿真输出结果 simout 的内容和结果分析（图 4-13）等。

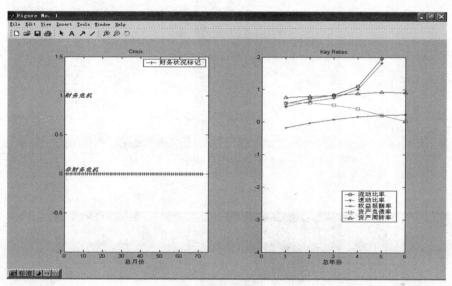

图 4-13　$-1\%c_1$ 的结果分析

从图形上可以看出，系统在 6 年内不会出现财务危机，且状态将不断改善。

（3）测试 6 年内出现财务危机的临界状态的恒定 c_1 值。

方法：将 Slider Gain 置于 0，将 1/z 模块 $c_1(k-1)$ 的 Initial conditions 置于要设定的 c_1 值。其他参数保持参照系统。

测试结果（图 4-14、图 4-15）：当 c_1 稳定在 1 314 元/吨时，不会出现危机；当 c_1 稳定在 1 315 元/吨时，会出现危机。

3. 改变销售价格 p

（1）p 按月增加 1%，即设 $\delta p = 2\,279.83 \times 1\% = 22.80$。通过设置滑动增益模块 Slider Gain1 完成。其他参数保持参照系统。运行 clh1116.m，得到仿真输出结果 simout 的内容和结果分析（图 4-16）等。

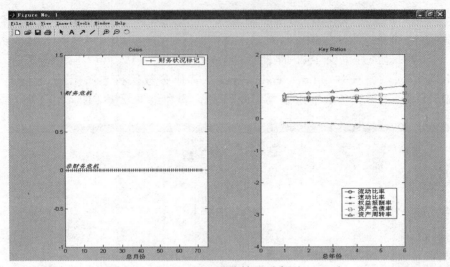

图 4-14 $c_1 \equiv 1\,314$ 时的结果分析（$-1/2$）

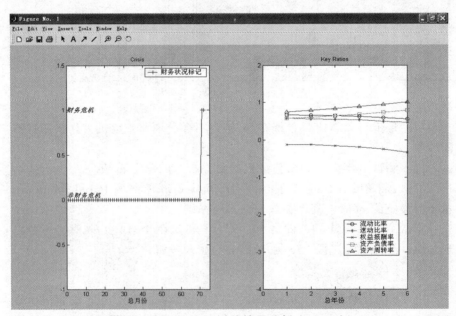

图 4-15 $c_1 \equiv 1\,315$ 时的结果分析（$-2/2$）

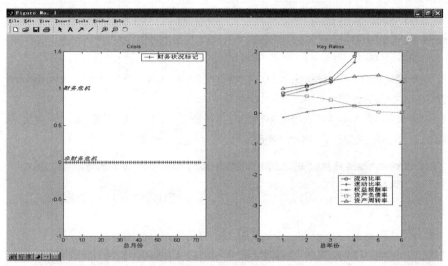

图 4-16　＋1%p 的结果分析

从图形上可以看出，系统在 6 年内不会出现财务危机，且状态将不断改善。

（2）p 按月减少 1%，即设 δp=2 279.83 ×（－1%）=－22.80。其他参数保持参照系统。运行 clh1116.m，得到仿真输出结果 simout 的内容和结果分析（图 4-17）等。

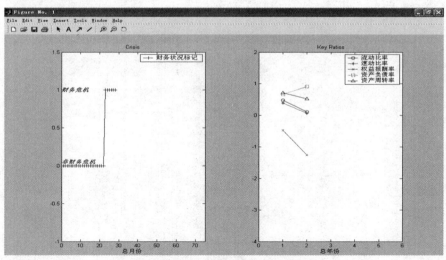

图 4-17　－1%p 的结果分析

从图形上可以看出，企业将在第 23 个月进入财务危机，比参照系统提前 11 个月。

（3）测试 6 年内出现财务危机的临界状态的恒定 p 值。

方法：将 Slider Gain1 置于 0，将 1/z 模块 p（k-1）的 Initial conditions 置于要设定的 p 值。其他参数保持参照系统。

测试结果（图 4-18、图 4-19）：当 p 稳定在 2 449 元/吨时，不会出现危机；当 p 稳定在 2 448 元/吨时，会出现危机。

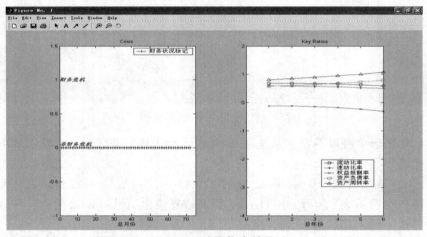

图 4-18　p≡2 449 时的仿真结果（－1/2）

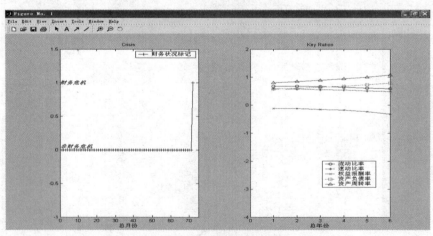

图 4-19　p≡2 448 时的仿真结果（－2/2）

4. 改变管理开支 M_1

（1）M_1 按月增加 1%，即设 δM_1=1 300 000×1%=13 000。通过设置滑动增益模块 Slider Gain2 完成。其他参数保持参照系统。运行 clh1116.m，得到仿真输出结果 simout 的内容和结果分析（图 4-20）等。

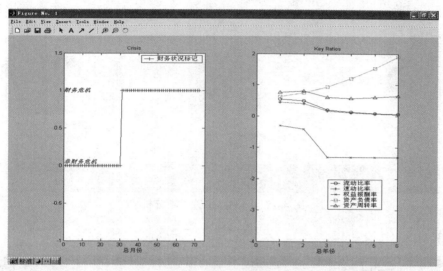

图 4-20 ＋1%M_1 的结果分析

从图形上可以看出，企业将在第 31 个月进入财务危机，比参照系统提前 3 个月。（图 4-18 中权益报酬率出现水平线意味着接下来的企业净资产为负数，下同）

（2）M_1 按月减少 1%，即设 δM_1=1 300 000×（－1%）=－13 000。通过设置滑动增益模块 Slider Gain2 完成。其他参数保持参照系统。运行 clh1116.m，得到仿真输出结果 simout 的内容和结果分析（图 4-21）等。

从图形上可以看出，系统在第 38 个月出现财务危机，比参照系统推迟 4 个月。

（3）测试 6 年内出现财务危机的临界状态的恒定 M_1 值。

方法：将 Slider Gain2 置于 0，将 1/z 模块 $M_1(k-1)$ 的 Initial conditions 置于要设定的 M_1 值。其他参数保持参照系统。

测试结果（图 4-22、图 4-23）：当 M_1 稳定在 44.5 万元时，不会出现危机；当 M_1 稳定在 44.6 万元时，会出现危机。

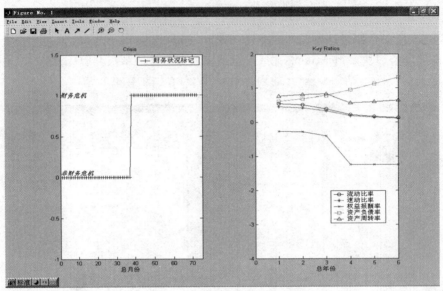

图 4-21　－1%M₁ 的结果分析

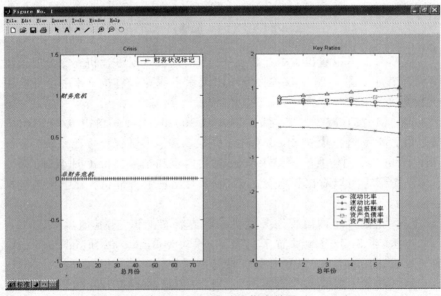

图 4-22　M₁≡44.5 万元时的仿真结果（－1/2）

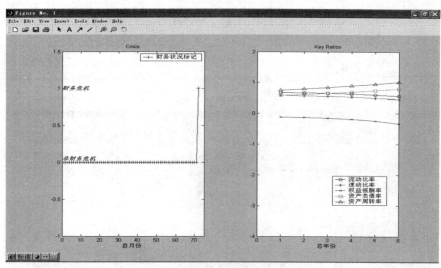

图 4-23 $M_1 \equiv 44.6$ 万元时的仿真结果（ $-2/2$ ）

5. 改变销售开支 SO

（1）SO 按月增加 1%，即设 δSO=366 000×1%=3 660。通过设置滑动增益模块 Slider Gain3 完成。其他参数保持参照系统。运行 clh1116.m，得到仿真输出结果 simout 的内容和结果分析（图 4-24）等。

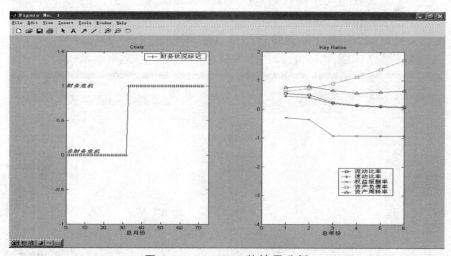

图 4-24 +1%SO 的结果分析

从图形上可以看出，企业将在第 33 个月进入财务危机，比参照系统提前 1 个月。

（2）SO 按月减少 1%，即设 δSO=366 000×（－1%）=－3 660。通过设置滑动增益模块 Slider Gain3 完成。其他参数保持参照系统。运行 clh1116.m，得到仿真输出结果 simout 的内容和结果分析（图 4-25）等。

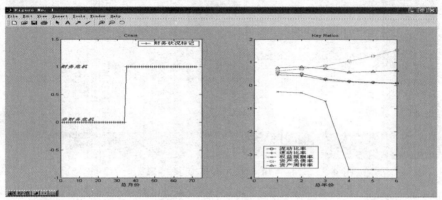

图 4-25　－1%SO 的结果分析

从图形上可以看出，企业将在第 35 个月进入财务危机，比参照系统推迟 1 个月。

（3）测试 6 年内出现财务危机的临界状态的恒定 SO 值。

方法：将 Slider Gain3 置于 0，将 1/z 模块 SO（k－1）的 Initial conditions 置于要设定的 SO 值。其他参数保持参照系统。

测试结果（图 4-26）：即使 SO 稳定在 0 时，也会出现危机。

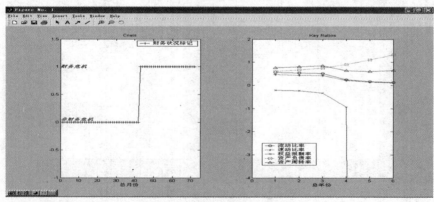

图 4-26　SO≡0 时的仿真结果

6. 改变原材料消耗率 am

（1）am 按月增加 1‰，即设 δam=1.08×1‰≈0.001。通过设置滑动增益模块 Slider Gain4 完成。其他参数保持参照系统。运行 clh1116.m，得到仿真输出结果 simout 的内容和结果分析（图 4-27）等。

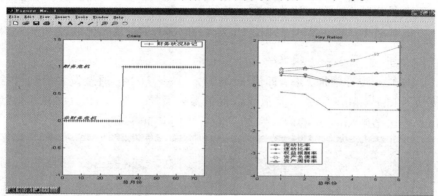

图 4-27　+1‰am 的结果分析

从图形上可以看出，企业将在第 32 个月进入财务危机，比参照系统提前 2 个月。

（2）am 按月减少 1‰，即设 δam=1.08×（−1‰）≈−0.001。通过设置滑动增益模块 Slider Gain4 完成。其他参数保持参照系统。运行 clh1116.m，得到仿真输出结果 simout 的内容和结果分析（图 4-28）等。

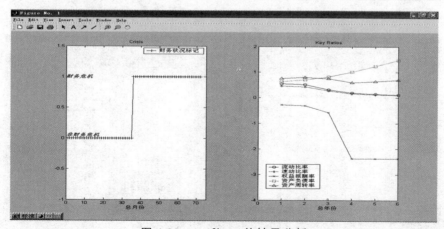

图 4-28　−1‰am 的结果分析

从图形上可以看出，企业将在第 36 个月进入财务危机，比参照系统推迟 2 个月。

（3）测试 6 年内出现财务危机的临界状态的恒定 am 值。

方法：将 Slider Gain4 置于 0，将 1/z 模块 am(k − 1)的 Initial conditions 置于要设定的 am 值。其他参数保持参照系统。

测试结果（图 4-29）：即使 am 稳定在 1 时，也会出现危机。

7. 改变 "人工" 消耗率 av

（1）av 按月增加 1‰，即设 δav=24 × 1‰ ≈ 0.024。通过设置滑动增益模块 Slider Gain5 完成。其他参数保持参照系统。运行 clh1116.m，得到仿真输出结果 simout 的内容和结果分析（图 4-30）等。

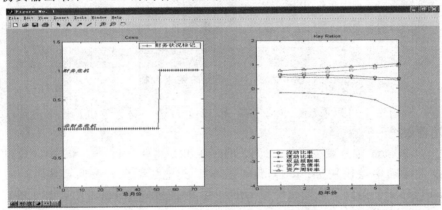

图 4-29　　am≡1 时的仿真结果

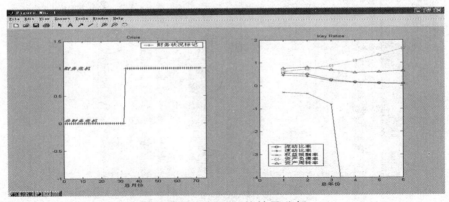

图 4-30　　+1‰av 的结果分析

从图形上可以看出，企业将在第 33 个月进入财务危机，比参照系统提前 1 个月。

（2）av 按月减少 1‰，即设 δav=24×（－1‰）≈－0.024。通过设置滑动增益模块 Slider Gain5 完成。其他参数保持参照系统。运行 clh1116.m，得到仿真输出结果 simout 的内容和结果分析（图 4-31）等。

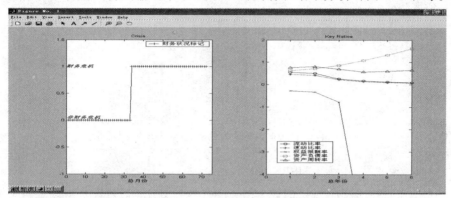

图 4-31　－1‰av 的结果分析

从图形上可以看出，企业将在第 34 个月进入财务危机，与参照系统持平。

（3）测试 6 年内出现财务危机的临界状态的恒定 av 值。

方法：将 Slider Gain5 置于 0，将 1/z 模块 av（k－1）的 Initial conditions 置于要设定的 av 值。其他参数保持参照系统。

测试结果（图 4-32、图 4-33）：当 av 稳定在 2.3 时，不会出现危机；当 av 稳定在 2.4 时，会出现危机。

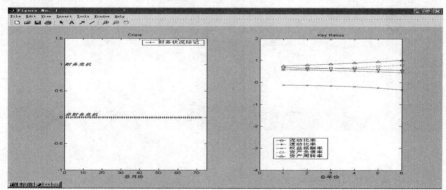

图 4-32　av≡2.3 时的仿真结果（－1/2）

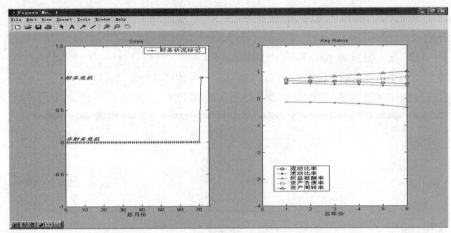

图 4-33　av≡2.4 时的仿真结果（－2/2）

8. 改变促销力度 USR

（1）USR 提高 1‰，即设 USR=1＋1‰=1.001。通过设置滑动增益模块 Slider Gain6 完成。其他参数保持参照系统。运行 clh1116.m，得到仿真输出结果 simout 的内容和结果分析（图 4-34）等。

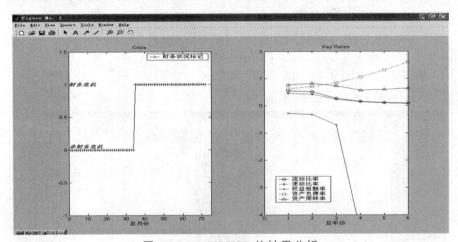

图 4-34　＋1‰USR 的结果分析

从图形上可以看出，企业将在第 35 个月进入财务危机，比参照系统推迟 1 个月。

（2）USR 减少 1‰，即设 USR=1 − 1‰=0.999。通过设置滑动增益模块 Slider Gain6 完成。其他参数保持参照系统。运行 clh1116.m，得到仿真输出结果 simout 的内容和结果分析（图 4-35）等。

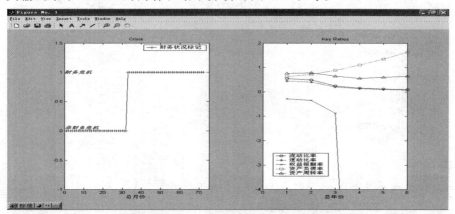

图 4-35　−1‰USR 的结果分析

从图形上可以看出，企业将在第 33 个月进入财务危机，比参照系统提前 1 个月。

（3）测试 6 年内出现财务危机的临界状态的恒定 USR 值。

方法：将 Slider Gain6 置于要设定的 USR 值。其他参数保持参照系统。

测试结果（图 4-36、图 4-37）：当 USR=1.007 时，不会出现危机；当 USR=1.006 时，会出现危机。

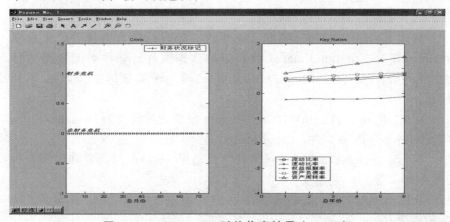

图 4-36　USR=1.007 时的仿真结果（−1/2）

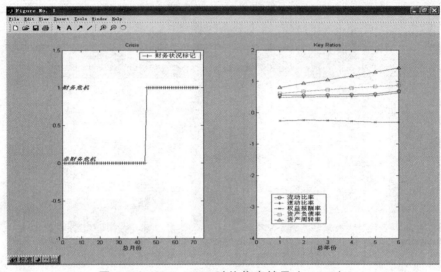

图 4-37　USR=1.006 时的仿真结果（－2/2）

9. 综合作用

本书所研究的综合作用涉及三个方面：一是原材料价格、产品销售价格采用实际数据，其他参数保持参照系统，即分析市场的综合作用；二是研究在企业出现财务危机后，采用常规自救措施的效果；三是研究采用自救＋有限外援的效果。

（1）实际市场下的综合作用。

修改 mysim1120.mdl 的输入子系统，修改后所有的参数值来自模块 From File：myinput.mat 及其相应的数据文件，修改后的模型另存为 zonghe1120.mdl。zonghe1120.mdl 的输入子系统的结构如图 4-38 所示。

同时，把 m 文件：clh1116.m 中的 sim 命令的对象改为"zonghe1120"，修改后另存为新 m 文件：zonghe1116.m。

运行 zonghe1116.m，得到仿真输出结果 simout 的内容和结果分析（图 4-39）等。

从图形上可以看出，企业将在第 31 个月进入财务危机，比参照系统提前 3 个月。

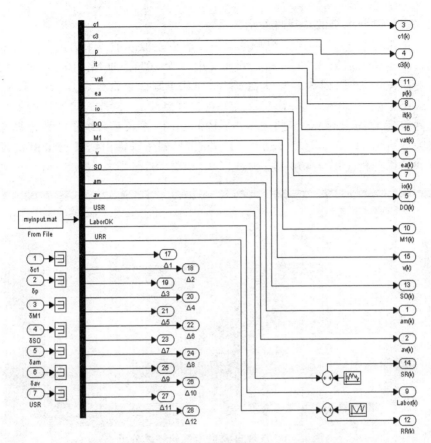

图 4-38　zonghe1120.mdl 的输入子系统的结构

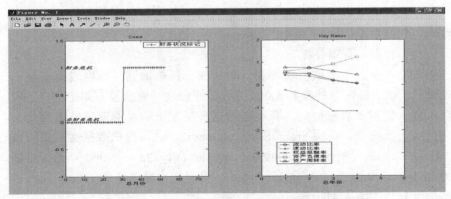

图 4-39　实际市场下综合作用的结果分析

（2）财务危机的常规自救措施。

企业在第 31 个月进入财务危机后，假设企业采取以下力度很大的常规自救措施：从第 32 个月起，管理支出减少 20%，即 M_1=104 万元；销售费用减少 10%，即 SO=33 万元；材料损耗下降 2 个百分点，即 am=1.06；人工定额减少 20%，即 av=19.2；USR 提高到 1.1。据此，修改后的数据文件得到 myinput1.mat。将 zonghe1120.mdl 的输入子系统中的数据来源改为 myinput1.mat，运行 zonghe1116.m，得到仿真输出结果 simout 的内容和结果分析（图 4-40）等。

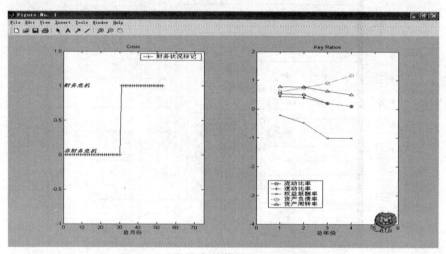

图 4-40 常规自救措施下的结果分析

在如此的常规自救措施下，企业仍然不能摆脱危机，且财务状况继续呈恶化趋势。

（3）自救＋有限外援。

假设企业除了采取上述常规自救措施，还争取到了政府脱困基金、债转股、职工筹资等外援共 5 000 万元，假设这些资金没有固定利息、股利压力，相当于股权投资，现在考虑这种情况下的企业财务情况变化。在重组子系统中，模块 From File：myinput2.mat 对应的数据文件中的第 2 行第 32 列的元素改为 50 000 000 元，即 IVI（32）=5 000 万元，另存为 myinput3.mat。运行 zonghe1116.m，得到仿真输出结果 simout 的内容和结果分析（图 4-41）等。

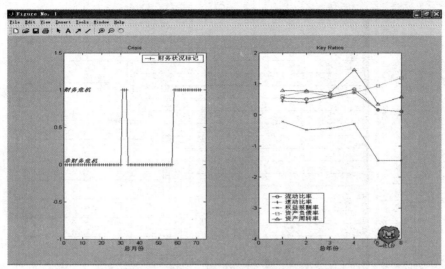

图 4-41　"自救 + 有限外援"下的结果分析

在有限外援下，虽然企业暂时摆脱了财务危机，但刚过 2 年零 3 个月（即总第 58 个月），企业又重新陷入财务危机，且从第 63 个月开始资不抵债。

10. 重　组

（1）实际的大规模重组。

企业在第 31 个月陷入财务危机后，现金余额短缺，原材料采购困难，到第 40 个月已经资不抵债。2002 年，在当地政府的支持下，企业进行了民营化改制。民营化之后，职工转换了身份，退休职工进入社会化保障体系，企业重新上岗 1 100 人；生产部门重新定员 1 000 人；销售部门精简到 50 人，但增加了广告宣传支出，剩余的职工大部分转入民营集团的其他企业，一部分自谋出路。新入股的民营企业注入资金 9 000 万元。原材料损耗下降较大，基本上稳定到 3%；调整了人工定额，第 46 个月完成改制。

据此，输入参数相应改变，输入子系统中的 From File 模块及其数据文件，修改后数据文件另存为 chongzuinput.mat；在重组子系统中，模块 From File：myinput2.mat 对应的数据文件中的第 2 行第 46 列的元素改为 90 000 000 元，即 IVI（46）=9 000 万元，修改后的数据文件另存为 chongzu1118.mat。修改后的模型另存为 chongzu1120.mdl（图 4-42、图 4-43）。

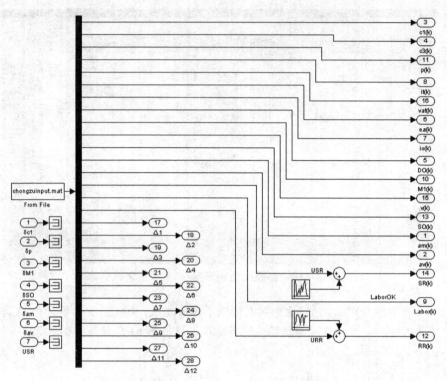

图 4-42 修改后的输入子系统（-1/2）

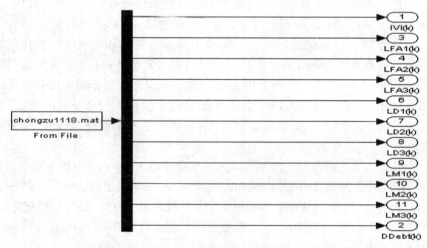

图 4-43 修改后的重组子系统（-2/2）

同时,把 m 文件:clh1116.m 中的 sim 命令的对象改为"chongzu1120",修改后另存为新 m 文件: chongzu1116.m。

运行 chongzu1116.m,得到仿真输出结果 simout 的内容和结果分析（图 4-44）等。

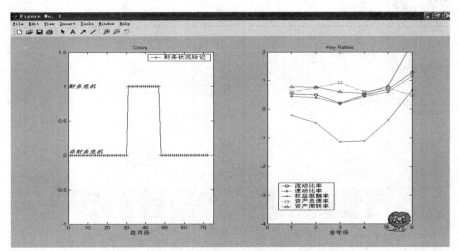

图 4-44　大规模重组下的结果分析

从图形上可以看出,实际重组后,企业摆脱了财务危机,企业财务指标迅速改善,实际产销量也不断提高。

（2）力度不足的重组。

如果重组力度不足,企业只能暂时摆脱危机,而不能从根本上走上良性发展道路。本书以注资为例,在企业其他措施不变的情况下,如果注入的资金只有 8 000 万元,即 IVI（46）=8 000 万元,则企业仍然不能摆脱危机。图 4-45 是注资为 8 000 万元情况下的仿真结果分析。

从图形上可以看出,企业在第 59 个月（离重组 1 年零 1 个月）,又一次陷入财务危机。而财务指标在经过重组后短暂的改善后又继续恶化。这就是现在很多企业重组力度不足、未能彻底焕发生机的原因。

（3）测试 6 年内出现财务危机的临界状态的注资额。

方法：将 IVI（46）设定为测试值,其他参数保持参照系统。

测试结果（图 4-46、图 4-47）：当 IVI（46）=8 900 万元,不会出现财务危机；当 IVI（46）=8 800 万元,会出现财务危机。

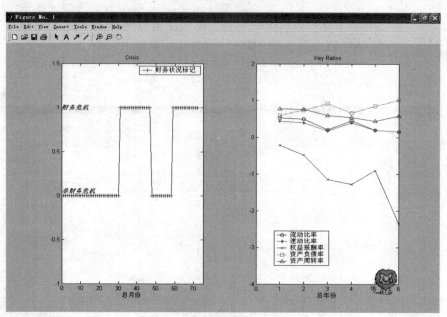

图 4-45　注资为 8 千万元情况下的仿真结果分析

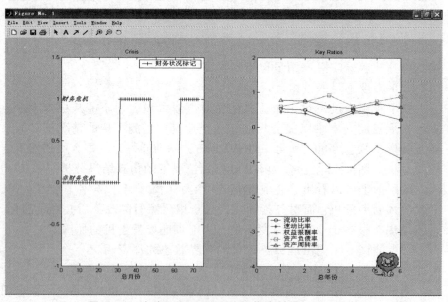

图 4-46　注资 8 800 万元时的仿真结果（ - 1/2 ）

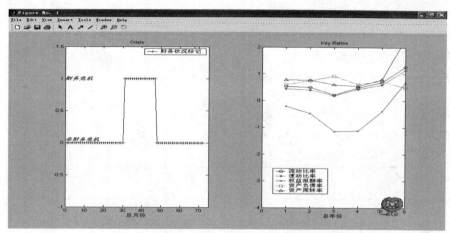

图 4-47　注资 8 900 万元时的仿真结果（−2/2）

第四节　结果分析与局限性讨论

（一）结果比较分析

表 4-4 为仿真结果的比较分析。

表 4-4　仿真结果的比较分析

	系统参数	危机出现时间/临界点	比较分析
参照系统	$\delta c_1=0$，$\delta p=0$，$\delta M_1=0$，$\delta SO=0$，$\delta am=0$，$\delta av=0$，$USR=1$	第 34 个月	内在地会发生财务危机
改变原材料价格 c_1	$\delta c_1=1469.39\times1\%$ $=14.69$	第 24 个月	比参照系统提前 10 个月，影响大
	$\delta c_1=1469.39\times(-1\%)$ $=-14.69$		系统在 6 年内不会出现财务危机，影响大
	临界值	$c_1=1\ 315$	

	系统参数	危机出现时间/临界点	比较分析
改变销售价格 p	$\delta p=2\,279.83\times 1\%$ $=22.80$		系统在 6 年内不会出现财务危机，影响大
	$\delta p=2\,279.83\times(-1\%)$ $=-22.80$	第 23 个月	比参照系统提前 11 个月，影响大
	临界值	p=2 448	
改变管理开支 M_1	$\delta M_1=1\,300\,000\times 1\%$ $=13\,000$	第 31 个月	比参照系统提前 3 个月，影响较大
	$\delta M_1=1\,300\,000\times$ $(-1\%)=-13\,000$	第 38 个月	比参照系统推迟 4 个月，影响较大
	临界值	M_1=44.6 万元	
改变销售开支 SO	$\delta SO=366\,000\times 1\%$ $=3\,660$	第 33 个月	比参照系统提前 1 个月，影响较小
	$\delta SO=366\,000\times(-1\%)$ $=-3\,660$	第 35 个月	比参照系统推迟 1 个月，影响较小
	临界值		
改变原材料消耗率 am	$\delta am=1.08\times 1‰\approx$ 0.001	第 32 个月	比参照系统提前 2 个月，影响较大
	$\delta am=1.08\times(-1‰)$ ≈ -0.001	第 36 个月	比参照系统推迟 2 个月，影响较大
	临界值		
改变"人工"消耗率 av	$\delta av=24\times 1‰\approx 0.024$	第 33 个月	比参照系统提前 1 个月，影响较小
	$\delta av=24\times(-1‰)\approx$ -0.024	第 34 个月	影响不明显
	临界值		

续表

	系统参数	危机出现时间/临界点	比较分析
改变促销力度 USR	USR=1 + 1‰=1.001	第 35 个月	比参照系统推迟 1 个月，影响很大
	USR=1 − 1‰=0.999	第 33 个月	比参照系统提前 1 个月，影响很大
	临界值	USR=1.006	
综合作用	实际市场下的综合作用	第 31 个月	比参照系统提前 3 个月
	财务危机的常规自救措施		不能摆脱危机
	自救+有限外援情况下的效果	第 58 个月又重新陷入	在有限外援下，企业虽然暂时摆脱了财务危机，但不久又重新陷入财务危机
重组	实际的大规模重组（第 46 个月）		企业摆脱了危机，企业财务指标迅速改善
	力度不足的重组	第 59 个月又重新陷入	企业暂时摆脱危机，但不久又一次陷入财务危机
	临界值	注资 8 800 万元	

（二）仿真结论

根据仿真结果和比较分析，可以得出以下结论：

（1）不同价值力对企业价值流的作用强度是不同的。对于 JX 钢管有限公司，销售价格、原材料价格、原材料消耗这 3 个因素影响最大；促销力度、管理开支这 2 个因素的影响较大；销售费用、"人工"消耗这 2 个因素影响较小。这反映了原材料工业的行业特点：价格变动大，原材料成本为产品成本的主要构成部分，规模经济特点突出。

（2）财务比率指标会反映各种价值力对企业价值流的影响结果。

以参照系统的结果分析图 4-11 作为参照，显然图 4-13、图 4-16、图 4-21、图 4-25、图 4-28、图 4-31 和图 4-34 所示，不但财务危机的出现时间推迟（或不再出现），财务比率指标也有不同程度的改善（同时点对比），这体现了正向价值力改善财务比率；图 4-12、图 4-17、图 4-20、图 4-24、图 4-27、图 4-30 和图 4-35 不但财务危机的出现时间提前，财务比率指标也不同程度恶化（同时点对比），这体现了负向价值力恶化财务比率；图 4-39、图 4-40、图 4-41、图 4-44 和图 4-45 反映了多种价值力对企业价值流的共同作用结果，其中图 4-39 反映了负向作用强于正向作用的情形，财务危机出现时间提前，财务比率指标相对恶化，而图 4-40、图 4-41、图 4-44 和图 4-45 反映了财务危机出现后各种管理措施的不同效果。

（3）人们在财务危机面前不是无可作为的，正确的管理措施会改善或挽救企业。以图 4-39 作为对照，图 4-40、图 4-41、图 4-44 和图 4-45 财务比率均有所改善（第 32 个月开始的同时点比较），且图 4-44 彻底摆脱了财务危机，反映了常规的财务危机自救措施、外援、重组都有效果，其中大规模重组彻底摆脱了财务危机。

（4）企业一旦进入危机，摆脱财务危机是很困难的。一个出现危机的系统，往往内在地存在结构性缺陷；由于系统的非线性，一般的线性补偿措施是不能奏效的。比如根据促销力度临界值的测试结果，在 1999 年 USR=1.007 就可以避免危机的，到自救措施（或自救＋有限外援）时 USR 提高到 1.1 也没有用了。原因：一旦出现财务危机，则企业面临现金短缺、信用不良、赊销困难，造成原材料供应不足，不能支撑促销力度，产销量不能实际提高，甚至最终停止下来。因此，企业出现财务危机往往是因为系统存在深层次问题，病入膏肓、积重难返，单纯输血不能从根本上解决问题，力度不足的重组也不能奏效，实质性大规模重组不可避免！

（三）局限性讨论

虽然仿真过程较好地再现了企业财务危机和重组过程，但仍然存在以下局限性：

（1）复杂系统的模型具有固有缺陷，导致复杂系统的仿真内在地有相应局限。

（2）仿真的数据经过适当简化和调整。

（3）本仿真模型是建立在企业基本价值流模型的基础上，相对简单但省略了企业的大量细节，如只考虑一种原材料、一种产品。如果仿真模型要真正达到实用化，则需要建立在企业的实际价值流模型或行业参考（价值流）模型的基础上。

第五章 企业财务危机的一般解释

第一节 企业财务危机的成因

一、事物因果联系的复杂性

在物质世界的普遍联系和永恒发展的链条中，每一现象总是由别的现象引起的，而任何现象总会引起别的现象。在这里，引起一现象的是原因，由于原因的作用而产生的现象是结果。例如，月球对地球的引力是发生潮汐的原因，海洋潮汐则是月球作用的结果。任何事物在发展中都要受到其他有关事物的制约和影响，而在这一过程中所表现出来的前后两个事物之间的制约关系就是因果关系。可见，原因和结果是揭示客观普遍联系着的事物和现象前后相继、相互制约的一对范畴。

因果联系有两个重要特点：一是时间上的先后顺序性，即"前因后果"。但是，并非任何在时间上前后相继的现象都构成因果联系，"在此之后"不等于"由此之故"。例如，昼夜交替、寒来暑往的变化，就不是前者引起后者，不是因果关系。这些变化是由于地球的自转和公转产生的。二是因果间存在引起和被引起的必然联系。有因必有果，有果必有因，任何事物、现象的产生都是有原因的，任何事物、现象的运动都会产生一定的结果。但是，也不能把一切必然联系都看成是因果联系，只有同时包含时间顺序性和必然性这两个特点，才能确定其属于因果关系。因此，单纯的实证研究有可能把本无因果联系只有时间先后顺序的事物当作因果规律，易犯"鸡鸣导致天亮"的错误。

因果联系普遍存在于自然界、人类社会和思维领域。每一事物都处于一定的因果联系之中，既没有无因之果，也没有无果之因。对于有些现象虽然我们一时还不知道它的原因，但不等于它没有原因。所谓"毫无结果"只不过是没有达到预期效果。同时，因果联系又是一种客观存在的联系，人们既不能任意创造它，也不能消灭它。

鉴于事物联系的普遍性和事物所处的条件的复杂性，事物的因果联系也是复杂的。因果联系的复杂性主要表现为：

第一，因果联系既是确定的，又是不确定的。当人们把两个具有特定的因果联系的事物从事物的普遍联系中抽取出来考察时，原因和结果的区分是确定的。例如，在经济体制改革中，农业实行了生产责任制，推动了农业的发展。前者是因，后者是果，既不能倒因为果，也不能倒果为因。但是，在世界的整体联系中，在事物发展的因果链条中，原因与结果的区分又是相对的，它们可以互相转化。一方面，由于事物联系的普遍性，同一现象在一种联系中是原因，在另一种联系中又会变为结果，反之亦然。例如"摩擦生热"，热是摩擦的结果，而热又能成为引起燃烧的原因。另一方面，结果反作用于原因。例如，在社会主义条件下，生产的发展是决定人民生活改善的原因，而人民生活的改善又成为促进生产进一步发展的原因。又如，控制论研究的反馈原理也是结果反作用于原因的一种表现：控制系统把信息送出去，又把其作用的结果返回来，并对信息的再输出发生影响，起到控制的作用。

第二，因果联系是多样的。由于事物存在和发展所依赖的条件是多种多样，事物及其过程的相互作用纵横交错，因而因果联系往往有一因多果、同因异果、一果多因、同果异因、多果多因等多种情况。例如，国民经济的持续发展是科技的应用、生产力水平的提高、人民群众积极性的发挥、正确的路线和政策的执行、社会环境的安定等多种因素综合作用的结果；而国家经济实力的增强，又会带来政治、军事、科技、教育、思想文化等全方位的社会进步。因此，认识和把握事物的因果联系，必须对复杂的情况做全面的具体分析，不能简单化。

二、企业财务危机的多因性

探讨财务危机的成因，对急性财务危机和慢性财务危机，都不是一个轻松的过程。但对急性财务危机成因的探讨，相比探讨慢性财务危机的成因要简单一些，因为往往很容易找到引发急性财务危机的主要价值力。这种价值力一般是自然力——突发事件使企业遭受到重大损失。比如东南亚海啸中的某些酒店，海啸毁坏了它的大部分设施，且中断了它的经营业务，使它立即陷入危机状态。但是对于慢性财务危机，不仅各种负向价值力在不断地削弱企业的财务鲁棒性、降低企业的临界点水平，其中某个负向价值力也可能成为触发企业财务危机的"最后一根稻草"。人们很难说清楚是什么原因导致了危机，哪个是主要价值力。

成因，这个最基本的概念，就是"多因"的概念。人们简单地把财务危机归结于一种原因，"只要有这种因素存在就会发生财务危机"的理念已经过时了。比如，东南亚海啸中的企业，海啸冲击是财务危机的主要价值力，但企业遭受海啸冲击，并不意味着企业一定会陷入财务危机。这就可以解释为什么海啸中还有相当多的企业没有陷入财务危机。正如图3-3和图3-4所示，财务危机的成因可分成两类，一是负向价值力，二是企业的财务鲁棒性。对于急性财务危机，负向价值力是必须的，位于东南亚海啸区域中的原健康企业，如果没有遭受海啸的冲击就不会立即陷入财务危机。而脆弱的财务鲁棒性，是财务危机形成的前提。一个企业如果抵抗力很强、适应性很好，即使遭受了负向价值力的打击，"信息"来了，企业自身的"免疫力"也可以把这种负向作用的影响控制住，很快克服它的不利影响。一个企业要陷入急性财务危机，必须是负向价值力和脆弱的鲁棒性两者都成立的时候才有可能。

当然，任何企业的鲁棒性都是有限的，人们不能期待一个很小的企业具有特别强大的鲁棒性，一定的脆弱性是企业的固有性质。所谓的"健康企业"也只是相对的，其标准是"能承受正常的风险、在不极端恶劣的环境中顺利生存和发展"。普里戈金（Ilya Prigogine）区分了两种类型的结构，即"平衡结构"和"耗散结构"。平衡结构是一种不与外界进行任何能量和物质交换就可以维持的"死"的有序结构；而耗散结构只有通过与外界不断交换能量和物质才能维持其有序状态，这是一种"活"的结构。普里戈金-格兰斯道夫的判据指出，对于一个与外界有能量和物质交换的开放系统，在到达远离平衡态的非线性区时，一旦系统的某个参量变化到一定的阈值，稳恒态就变得不稳定了，出现一个"转折点"或称为"分叉点"，系统就可能发生突变，即非平衡相变，演化到某种其他状态。耗散结构表明，有机体的生存离不开外界适合的条件。系统总存在脆弱性（鲁棒性的对立面），内在地既包含生长的"基因"，又包含衰退的"基因（种子）"。一个正常的、健康的企业，也可能在重大的外部冲击下"死于非命"，这就是急性财务危机。

对于慢性财务危机，它的成因就更复杂。比如有人说财务危机是管理不善引起的，但有些企业管理不善（比如电力企业）也没陷入财务危机；有人说战略不当可能导致财务危机，但有些企业战略得当也陷入了财务危机。所以根据系统科学，可以说财务危机的成因像一条链，更确切地说，像一张网，正如企业基本价值流模型（图 2-3）和企业财务危机模型（图 3-4）表示的那样，是许许多多的危险因素共同推动而导致的，只不过某个企业具备某个（些）特征因素，它陷入财务危机的概率比较大。比如，某个企业管理不善、战略不当又遭遇原材料涨价、产品跌价，符合的因素越多，它陷入财务危机的概率越大。所以这个时候它是多种因素交织在一起的，很难判别其中某一个因素在这当中起的作用是多大。可能对甲企业来说，财务危机主要是管理不善引起的；对乙企业来说，财务危机主要是原材料涨价引起的；对丙企业来说，由于虚假出资企业从设立开始就处于危机状态。所以，人们对慢性财务危机成因的探讨就更困难了。

第二节　企业财务危机的基本特征

通过第三章的理论推导和第四章的仿真以及第五章第一节的论述，可以总结出企业财务危机的基本特征：多因性、正反馈、非线性、累积性、相对可逆、预不准、有限可控、内因为重、预防为主。

一、多因性

多因性指的是，企业财务危机是多因素综合作用的结果。企业无时无刻不承受企业内外的各种各样的正向、负向价值力，企业财务危机就是这些价值力长期综合作用的结果。多因性的论述见第五章第一节。

二、正反馈

反馈是在自然科学和社会科学领域里普遍使用的一个概念。所谓反馈，就是把系统末端的某个或某些量用某种方法或途径送回始端。反馈有正反馈和负反馈之分。把系统末端的某个或某些量用某种方法或途径送回始端，从而使系统末端再次输出的量的变化趋势减弱，就叫负反馈；反之，如果使系统末端再次输出的量的变化趋势增强，则为正反馈。负反馈起抑制的作用，从而有稳定系统的作用；而正反馈对系统的某个功能起到增强的作用，从而使系统不断远离平衡。系统的恶性循环同良性循环一样都是正反馈机制在起作用。

从企业基本价值流模型可以看出，企业的价值流是多个回路构成的网络。从控制论的角度，回路意味着闭环，闭环就意味着反馈，反馈意味着输出反作用输入。这其中就有很多正反馈回路。正反馈回路的存在将导致以下两个问题：

（1）因果关系的相互性。以前的研究往往局限于因素层面的分析，而且这些因素分析都是单向思维，即某个因素导致什么现象。比如，过去的分析往往提到负债率高（财务结构恶化）是财务困境（财务危机）的原因。但实际上事物的作用往往是双向的，财务结构恶化，既是财务危机的原因，也可能是财务危机的结果（财务危机→原材料进货困难→经营困难、生产不畅、产品生产不足→销售下降、现金流入减少→财务结构恶化）。因此，在企业的经营过程中，对于企业内部的序参量，一般情况下人们不能简单地说谁导致了谁；或者说，只要构成了回路，就在某种意义上形成了"循环因果"：因即是果，果也是因，即互为因果。

（2）"目标锁定"与"路径依赖"。正反馈使系统不断强化朝着某个状态演进，呈现一种"目标锁定"的现象；正反馈形成的循环，一旦产生，如果没有新的大干预（刺激），就很难摆脱，呈现一种"路径依赖"的现象。企业一旦进入财务危机状态，一般的常规自救措施、有限外援、力度不足的重组都不能奏效，正是正反馈在起作用。根据正反馈循环的性质，正反馈循环分为良性循环和恶性循环。对于良性循环，人们可以顺应或强化它或促进它的产生；而对于恶性循环，人们应当尽早采取强有力的干预措施打破它或改变它的性质。

三、非线性

线性与非线性现象有着质的差异和不同的特征。从结构上看，线性系统的基本特征是可叠加性或可还原性，部分之和等于整体，几个因素对系统联合作用的总效应，等于各个因素单独作用效应的加总；描述线性系统的方程服从叠加原理，即方程的不同解加起来仍然是方程的解；分割、求和、取极限等数学操作，都是处理线性问题的有效方法。非线性则指整体不等于部分之和，叠加原理失效。从运动形式上看，线性现象一般表现为时空中的平滑运动，可以用性能良好的函数表示，是连续的、可微的；非线性现象则表现为从规则运动向不规则运动的转化和跃变，带有明显的间断性、突变性。从系统对扰动和参量变化的响应上看，线性系统的响应是平缓光滑的，成比例变化；而非线性系统在一些关节点上，参量的微小变化往往导致运动形式质的变化，出现与外界激励有本质区别的行为，发生空间规整性有序结构的形成和维持。正是非线性作用，形成了物质世界的无限多样性、丰富性、曲折性、奇异性、复杂性、多变性和演化性。

企业是一个非线性系统，内部存在非线性作用，人们在分析企业时要注意用非线性的眼光看待企业：

（1）正是由于企业的非线性，企业才会出现财务危机的突变性、临界条件。财务危机就是企业财务在临界点的突变。

（2）寻找财务危机的原因不能完全采用线性分解的方法。非线性作用的总效应不等于各因素效应之和，很多情况下甚至难以分解。

（3）抛弃均匀响应的观点。非线性响应不是成比例变化，系统的响应既可能规模递减，也可能规模递增；资金的使用要有重点；不同员工的作用不同，企业领导人可能起关键作用，所谓"厂长（经理）一个人可以搞垮一个工厂（公司）"；死区的存在使力度不足的重组没有效果。

（4）解决财务危机不能用线性补偿的办法。一方面，非线性不满足叠加原理，损失多少补偿多少的"输血型"措施往往不能奏效，如国有企业在某个方面吃了亏（如历史包袱重），就在其他方面进行补偿（政策性照顾），但如果不能解决企业内在的问题，使企业成为真正的企业，企业的脱困目标就会落空。从这个意义上讲，"减员"是必须的。但另一方面，非线性也为企业找到某个关节点提供了可能，如混沌控制中的"参数微扰法"：只要在这点上稍做改善，就可能产生巨大的效应，比如"股票期权"之类的激励措施。

四、累积性

企业的财务危机，只有少数可以归于外界突发事件导致的急性财务危机，否则企业的生与死就不可预期，企业经营就主要靠投机了。因此，大多数企业的财务危机属于慢性财务危机。"冰冻三尺非一日之寒"，企业从健康状态到危机状态，往往有一个渐变和积累的过程。财务危机发生时表现的突变性，往往是这种渐变和积累达到临界条件的结果。企业财务危机累积性有以下意义：

（1）增加了判断财务危机成因的困难。在这个慢性的过程中，多种因素（正的、反的、时正时反的）都在起作用，很难确定其中某个因素所起的作用有多大，这给企业"对症下药"造成了困难。

（2）为财务预警提供了可能性。一个公司从财务健康稳定到财务危机通常涉及相当长一段时间，公司正在恶化的状况的信号在实际失败前连续产生了很多年，它的特征使公司从财务健康公司转向财务不健康公司，因而产生了提前识别这些"走下坡路"公司的机会。这提高了早期及时标识出这种转换的需求和机会。

（3）为企业采取排警措施提供了前提。如果企业财务危机都是外界突发事件导致的急性财务危机，企业不但难以预警，而且即使预警也意义不大，来不及处置。财务危机的累积性，为企业本身和企业利益相关者及早发现公司滑向失败，采取有效措施避免或减轻损失，提供了可能。

五、相对可逆

企业是自组织的耗散结构，与外界不断进行物质、能量和信息交换，所以系统才相对可逆。可逆的条件是系统从外界补充物质、能量和信息，即正向作用，如干预、大规模重组等。其基本原理见第三章第二节有关内容。图 5-1 为企业财务危机的可逆示意图。

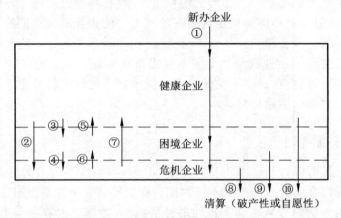

图 5-1　企业财务危机可逆示意图

图 5-1 中，企业按健康程度分成三种类型：健康企业、困境企业和危机企业。企业的总体变化分为三类：新开办企业①；清算⑧⑨⑩，包括自愿性清算和破产性清算；其余就是企业类型之间的转换，或者企业之间的重组。

新办企业①：可能是健康企业，也可能是困境企业甚至危机企业，如虚假出资的企业。

清算⑧⑨⑩：⑧是破产性清算；⑩是自愿性清算；⑨可能是自愿性清算，也可能是破产性清算。

企业之间的转换或重组：②健康→危机；③健康→困境；④困境→危机；⑤困境→健康；⑥危机→困境；⑦危机→健康。它们的组合含义是：

②：健康→危机，表示急性财务危机；

②+⑥：健康→危机→困境，表示不完全成功重组与机遇，暂时摆脱急性财务危机；

②+⑥+⑤：健康→危机→困境→健康，表示艰难摆脱急性财务危机；

②+⑦：健康→危机→健康，表示成功大重组与机遇，彻底摆脱急性财务危机；

③健康→困境：表示财务状况恶化，但还未陷入财务危机；

③+⑤：健康→困境→健康，表示正确措施与机遇，成功避免陷入财务危机；

③+④：健康→困境→危机，表示慢性财务危机；

③+④+⑥：健康→困境→危机→困境，表示不完全成功重组与机遇，暂时摆脱慢性财务危机；

③+④+⑥+⑤：健康→困境→危机→困境→健康，表示成功重组与机遇，艰难摆脱慢性财务危机；

③+④+⑦：健康→困境→危机→健康，表示成功大重组与机遇，彻底摆脱慢性财务危机。

六、预不准

量子力学中有一个著名的测不准原理。测不准原理（the Uncertainty Principle）由量子力学创始人海森堡（Heisenberg）提出。该原理揭示了微观粒子运动的基本规律：粒子在客观上不能同时具有确定的坐标位置及相应的动量。如果微观粒子的位置的不确定范围是 Δp，同时测得的微观粒子的动量的不确定范围是Δq。Δp与Δq的乘积总是大于$h/4\pi$，其中h为普朗克（Plank）常数。

与之相似，财务危机预警管理中也普遍存在着一种测不准现象：进行财务预警管理时，如果人们把预警结果加以利用（即排警，特别是大规模重组时），其主观与利用程度越深，则预警结果便"越不准确""越无效果"；反之，如果人们仅仅是预测其结果，而不加以干预利用，其客观与自在程度越深，则预测结果便"越准确"。考虑一种极端的情况：如果能完全预测准确，那些被预测将发生财务危机的企业，将不可逆转地、宿命地走向危机，财务危机的形成演化将是单向的、不可逆转的。这样，预测对于企业本身就意义不大了，企业自身就没有必要措施采取挽救行动了。这显然与实际情况不符：财务危机是可逆的，正向作用（包括正确的管理措施）有可能使企业避免或摆脱财务危机。总之，要么设置的预测前提（提前时间，lead time）使预测本身失去了意义，要么预测不可能完全准确。借鉴量子物理学中的测不准原理，可以称之为"预不准原理"，而可逆性原理是预不准原理的基础。

设Δp为预测误差率，Δq为预警管理失败率，λ为预警管理力度，则对于有意义的预警管理有

$$\Delta p \propto \lambda; \quad \Delta q \propto 1/\lambda$$

因此，可以得到

$$\Delta p \times \Delta q > \varepsilon \tag{5-1}$$

其中$\varepsilon > 0$。

预不准原理告诉人们，世界上不可能存在某种完全准确的财务危机预测方法，这是财务危机的可逆性的必然结果，也是正向作用的要求，财务危机仿真也说明了这一点。某些研究者声称其财务预测结果达到百分百正确，只可能是要么样本太少，要么通过控制选样研究"作弊"。预不准原理宣告了在财务危机预警上追求100%正确的迷梦破碎。

七、有限可控

可控性是现代控制论中极为重要的基本概念，1960年由Kalman首先提出。图5-2为状态空间描述法示意图。系统的状态方程描述了输入$u(t)$

引起状态 $x(t)$ 的变化过程，输出方程描述了由状态变化所引起的输出 $y(t)$ 的变化。可控性和可观测性分别定性地描述了输入信号 $u(t)$ 对状态 $x(t)$ 的控制能力，输出信号 $y(t)$ 对状态 $x(t)$ 的反映（响应）能力。

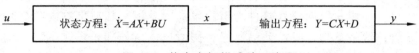

图 5-2　状态空间描述法示意图

[可控性] 在 $[t_0，t_f]$ 有限时间区间（t_0 为初始时间，t_f 为最终时间）内，使得系统从任一初始状态 $x(t_0)$ 转移到指定的任一终端状态 $x(t_f)$，则称此状态是可控的。若系统的所有状态都是可控的，则称此系统是状态完全可控的，简称系统是可控的。若状态空间 $(x_1，\cdots，x_n)$ 中的 P 点状态能在输入的作用下被驱动到任一指定状态 $p_1，p_2，\cdots，p_n$，则该 P 点的状态是可控状态。倘若可控状态"充满"整个状态空间，则该系统称为状态完全可控。

在社会科学领域，要做到完全可控是不太可能的，只能是"有限可控"。一般理解的有限可控为：可以对某事物的发展方向和进程加以调节和掌握的系统。

"优胜劣汰"是自然规律，没有"优胜劣汰"，社会不能进步，企业也概莫能外。有些导致财务危机的事件是暂时的，有些可能是长期的、不可逆转的（如新产品完全地、不可逆转地替代老产品）。2004 年美国专门研究内部控制的 COSO 委员会正式发布了《企业风险管理——整体框架》（简称 ERM）提出了目标的可控与不可控。企业风险管理是为实现特定主体的目标而服务的，然而风险管理对目标的可实现程度因目标自身的是否可控而不均衡。其中报告性目标和遵循性目标在企业的控制范围内，而战略性目标和经营性目标受一些外在事项的影响，所以并不总是在企业的控制范围内。因此，企业风险管理应该能为实现前两个目标提供合理保证，对于后两类目标，企业风险管理只能合理保证管理层和董事会以监督者的角色及时注意本企业目标的实现程度。

理解了有限可控原理，人们在面对财务危机的时候，就能做到冷静应对和顺应时代的要求；或者应考虑及时转产或停业，这也是经营者的重要手段之一。与其步履蹒跚地挣扎，不如堂堂正正地转产或停业，这才是明智的选择。

八、内因为重

事物的内部矛盾是推动事物发展的动力，同时事物的外部条件对事物的发展也产生重要的影响，唯物辩证法称事物的内部矛盾为事物发展的内因，事物发展的外部条件为事物发展的外因。任何事物内部都存在着矛盾，这是事物自我运动的源泉；同时也承认外部矛盾在事物变化、发展中的作用。内因和外因的辩证关系主要表现在：

（1）内因是事物发展变化的根据，是第一位的原因。事物发展的根本原因不在事物外部，而在事物内部。

（2）外因是事物发展变化的条件，是第二位的原因。外部原因是事物存在和发展的必然条件，这些条件对事物发展的作用依具体情况的不同而有所不同。一般来说，外因只能加速或延缓事物发展的进程，但在一定情况下，外因对事物的发展甚至起决定性的作用。

（3）外因通过内因起作用。外因对事物发展有重大作用，有时甚至能引起事物性质的变化，但不管外因作用有多大，都必须通过内因才能发挥作用。把外因与内因割裂、绝对对立起来的形而上学观点是错误的。

毛泽东同志说过："外因是变化的条件，内因是变化的根据，外因通过内因而起作用。"这一论断科学地揭示了内因和外因的作用及辩证关系。

关于财务危机的原因，有两种观点：一种强调内因，另一种强调外因。作者支持第一种观点。究其原因，不仅是这种观点符合唯物辩证法，而且从企业基本价值流模型、机理分析、仿真研究中都可以看出，企业环境对企业的作用，都要通过企业内部的结构予以放大或吸收，企业本身在此过程中不是无所作为的，而是主动参与的。企业的战略规划、管理活动就是企业主动性的表现，不同企业主动性的不同及其不同效果是不同企业差异化的根本原因，否则就无法解释处于同样的外部环境中的同行业企业为什么有的经营好、有的经营差。目前的实证文献大都认为，"尽管引发企业财务危机的原因很多，有企业无法左右的政治、经济、自然等外部原因，但最为重要的原因在于企业内部缺乏竞争力和管理不善"。[31]

九、预防为主

危机预防成本远小于不计代价的事后补救，事前的预防胜于事后的救济，最成功的危机解决办法应该是在潜伏期就解决危机。因此，预防是我国在许多领域中的一项重要策略，如我国安全生产的方针是"安全第一，预防为主"，消防工作的方针是"预防为主、消防结合"，社会治安综合治理的方针是"打防结合、预防为主"，水土保持和动物疫病管理的方针是"预防为主"，我国卫生工作的方针经历了多次调整（共6种提法，即大大小小5次调整），但是"预防为主"一直是其中的重要内容。

由于正反馈导致的"目标锁定"和"路径依赖"，企业一旦进入财务危机的恶性循环，非实质性大规模重组难以摆脱。因此，财务危机会给企业的利益相关者带来巨大的成本，防范和及早化解财务危机具有重要的价值和必要性。另外，财务危机具有累积性和可逆性，为财务危机的预警提供了前提条件；而财务危机内因为重，为财务危机的预警管理提供了现实条件。因此，财务危机管理也应该遵循"预防为主"的方针。所谓"预防为主"，就是按照系统化、科学化的管理思想，按照财务危机等发生的规律和特点，制定并落实各项制度和措施，消除隐患和危害因素，做到防患于未然，将危机消灭在萌芽状态。

在上述九个特性中，多因素、正反馈、非线性、累积性是从成因的角度考察企业财务危机，其中多因素耦合反映了企业财务危机作用因素的多样性与这些因素的相互交织，正反馈反映了这些作用的自我强化、摆脱财务危机的困难，非线性反映了这些因素不满足叠加原理、内在地存在临界性，累积性反映了财务危机的存量性、为财务危机的预测和预控奠定了前提；相对可逆、预不准、有限可控、内因为重、预防为主是从预警的角度考察企业财务危机，其中相对可逆反映了财务危机不是单向的、为财务危机的预控提供了可能，预不准反映了企业财务危机内在的不确定性、预测不可能完全准确，有限可控反映了企业财务危机在一定程度上是可控的但不是完全可控的，内因为重反映了企业财务危机的主要根源在于企业内部而不是外部、企业应该把预防企业财务危机的重心放在加强企业内部管理上，预防为主反映了企业在对待财务危机的态度上应该着眼于事前防范而不是亡羊补牢。这九个特性之间也内在地存在联系，它们构成了一个关于企业财务危机的特性体系。

第三节　企业财务危机的多因素耦合观

恩格斯曾经说过："历史是这样创造的：最终的结果总是从许多单个意志的相互冲突中产生出来，而其中每一个意志，又是由于特殊的生活条件，才成为它所成为的那样。这样就有无数相互交错的力量，有无数的力的平行四边形，由此就产生出一个'合力'，即历史结果，而这个结果又可以看作一个作为整体的、不自觉地和不自主地起着作用的力量的产物。因为任何一个人的愿望都会受到任何另一个人的妨碍，而最后出现的结果就是谁都没有希望过的事物。所以到目前为止的历史总是像一种自然过程一样地进行，而且实质上也是服从于同一运动规律的。"这种"合力论"也可以用于诸如企业这种多因素复杂系统的分析。

耦合又叫相倚性联系，简单地说，对象之间的耦合度就是对象之间的依赖性。在控制理论中，对于多输入量多输出量受控系统，如果一个输入分量对其他通道的输出分量产生关联，即一个输入分量可以控制多个输出分量，或者一个输出分量与其他通道的输入关联，这种现象称为耦合。Mesarovic 把具有相等数目的输入量与输出量的耦合对象，划分为 P 规范对象与 V 规范对象，即一个输出变量受到其他输入变量影响为 P 规范对象，一个输出分量被其他的输出量所影响为 V 规范对象。

企业是一个复杂的非线性系统。从系统科学的角度看，财务危机是企业本身财务结构稳定性差（鲁棒性低）与外界负向因素综合作用的结果。而外部的因素是多种多样的，它们之间不是相互独立的，从价值力的角度，更是如此，各种价值力的相互耦合最终导致了企业财务危机的发生。在企业基本价值流模型中，各种作用不是独立的。比如，一个影响因素（事件）往往有多个作用，灾害既造成原材料、设备、产成品损失，又阻碍销售的进行；管理失控既增加成本费用，又影响生产、销售进程。从基本价值流模型结构图看，很多回路共边。如果把各种价值力作为输入变量，把企业内部的某些价值量作为输出变量（见数学模型），可以发现一个输入变量会影响很多输出变量，而一个输出变量也会受其他输出变量的影响，也就是说，企业这个多输入多输出系统中既存在 P 规范对象，也存在 V 规范对象。比如，收款 MI、付款 MO、管理现支 M_1、生产线工人工资 V、销售费用支出 SO 等输入变量都会影响输出变量现金余额 CA，就是 P 规范；输出变量现金余额 CA 还会受到其他输出变量如应收款余额 AR、应付款余额 AP、产成品库存 FP 等众多参数的影响，就是 V 规范。企业财务危机就是这些因素相互耦合的结果。

总之，企业财务危机形成与演化的一般逻辑过程是：企业作为一个非线性复杂网络系统，内在地存在正反馈回路（也有负反馈回路），它无时无刻不承受着企业内外的各种各样的正向、负向价值力，正向价值力改善企业的财务状况并增强企业的财务鲁棒性，负向价值力恶化企业的财务状况并削弱企业的财务鲁棒性，这些价值力相互交织、耦合在一起，共同决定了企业的财务状况和发展方向。由于企业的非线性，企业内在地存在财务临界点，在这一点上，企业的价值力合力的负向强度达到了企业财务鲁棒性的大小，一旦超过这个点，企业将进入财务危机，并由于正反馈而陷入自我强化的恶性循环中，非实质性大规模重组难以摆脱；企业的财务危机可以分为两类，一类是本来正常的企业，其鲁棒性能承受正常的负向冲击，突然受到超过企业正常承受能力的打击（一般为突发事件）而陷入财务危机，称为急性财务危机；另一类是企业内在地存在系统缺陷，其财务状况在不断恶化、鲁棒性在不断削弱，最终不能承受企业经营正常的风险而陷入财务危机，称为慢性财务危机。大多数的企业财务危机是慢性财务危机，慢性财务危机体现了财务危机的累积性，它为企业财务危机的预警和预控奠定了前提。企业财务危机不是单向的，"危机"这个词本身就是"危险"和"机会"两个词的合成，既意味危险，走向凋零死亡、破产清算，也意味转机，浴火重生、脱胎换骨。企业财务危机恶化的终极结果是企业破产、清算，但正向价值力（特别是有效的干预措施）能够改变企业财务状况的发展方向，使企业跳出恶性循环而呈现相对可逆的性质，这为企业财务危机的有限可控奠定了基础，当然，这也内在地决定了对企业财务危机的预测不可能完全准确。由于大多数企业财务危机是慢性财务危机，其根源在于企业自身存在系统缺陷，因此财务危机的预警管理应坚持"内因为重"的原则；同时，由于财务危机的恶性后果及摆脱的艰难，人们对待财务危机应坚持"预防为主"的方针。这就是财务危机的多因素耦合观，它可以表示为图 5-3。

措施层	挽救与预防（预防为主）	
究因层	内因与外因（内因为重）	
预警层	预报预控（有限可控、预不准）	
方向层	非单项（相对可逆）	
危机层	慢性（积累性）	急性
基础层	企业本身（非线性、正反馈）	干扰（多因性）

图 5-3　企业财务危机的解释模型（6 层模型）

第六章 基于财务危机机理的企业财务危机预警管理

第一节 财务比率对财务危机的预测能力

当前财务危机预测模型大多基于财务比率，但财务比率是反映过去的，其预测能力来自何处？从第三章各种价值力的传导模型和第四章的仿真结果可以看出，各种价值力会影响到企业的财务状况、经营成果和现金流量，财务比率会反映这些影响，具体可见第四章第四节"结果分析与局限性讨论"。当前财务危机预测模型大多基于财务比率，但财务比率是反映过去的，其预测能力来自何处？从第三章各种价值力的传导模型和第四章的仿真结果可以看出，各种价值力会影响到企业的财务状况、经营成果和现金流量，财务比率会反映这些影响，具体可见第四章第四节结果分析与局限性讨论。一般情况下，对于走向财务危机的企业，财务比率在不断恶化，比如图4-11、图4-12、图4-17、图4-20、图4-21、图4-24、图4-25、图4-27、图4-28、图4-30、图4-31、图4-34、图4-35、图4-39、图4-40；而不会出现财务危机的企业，财务比率在不断改善，比如图4-13、图4-16。由此可见，财务比率有一定的预测能力。但财务比率的变化不一定是单向的，它可以反复，比如图4-41和图4-45，财务比率在短暂好转后又开始恶化；也可以完全逆转，比如图4-44，财务比率在大规模重组后彻底好转。因此，财务比率的预测能力是有局限的。

下面对此进行理论阐述。

一、财务比率预测能力的形成机理

（一）财务比率预测能力的本质来源——企业基因项下的共性

"企业"作为一个名词和概念，其所定义的各种以营利为目的的经济组织，必然具有一定的共性。人们可以从不同角度考察企业的共性：

（1）企业是一个经营实体，其生存有共同的土壤。作为经济实体，企业的经营必须有一定的物质资源前提，正如马克思在资本循环中描述的那样，生产企业必须要有一定的生产场地、机器设备，各种生产资料应当保持适当的比例，否则生产无法持续进行下去，因此企业的各种资产之间应当有适当的比率关系；企业的身份、行为受到市场经济主体法、行为法的调节，如工商登记条例、公司法、合同法、破产法等。

（2）从企业存在的目的看，企业必须赢利。于是企业的收入必须大于成本费用，企业的销售必须有一定的毛利率，才能保证企业有足够的毛利抵偿企业的期间费用；只有具有获利前景的企业才能获得扩大再生产的资金。

（3）从制度经济学角度，企业是一系列契约的联结体。企业必须满足这些契约和利益相关者的要求，企业的经营、财务活动必须满足契约的限制。依据现代企业代理理论，企业的契约主要可分为信贷契约、补偿契约和其他契约三类，财务信息在契约中占着十分重要的地位。

（4）从法学角度，企业是一系列合同的综合体，企业必须满足合同的要求，其中突出的是债的关系。企业如果不能及时清偿债务，就有可能破产，而破产是企业财务危机的明显标志。

企业的这些基因下的共性，必然会反映到企业的经济信息中，而会计信息是企业经济信息最重要的组成部分。据有关资料和专家估计，会计信息约占企业经济信息的 70%。会计信息综合反映了企业整体财务和经营状况的主要方面，财务比率是由这些会计信息加工而成的、从不同角度反映了企业的能力和状况。因此，企业在本质上不但会在财务方面表现具有相同意义的财务比率，而且这些共同的财务比率具有相似的性质和范围要求，否则企业难以长期生存和发展。

（二）财务比率预测能力的历史渊源——人们对企业成败的经验总结和公认比率标准的产生

企业基因项下的共性要求的财务比率及其性质，只是客观的，而要成为有助于人们决策的东西，它首先必须成为人们所认识的事物，并总结成为可资利用的规律。比率分析法的产生与发展的历史说明了这一点。

一般认为，财务报表分析起源于 19 世纪末 20 世纪初，最早的财务报表分析主要是为银行的信用分析服务的。19 世纪末，银行家开始要求使用资产负债表作为评价贷款是否延期的基础。财务报表大规模用于信贷目的，开始于 1895 年 2 月 9 日，当时纽约州雁行协会的经理委员会采纳了一项决定，要求他们的机构贷款人提交书面的、有其签字的资产负债表。从那时起，财务报表被主要银行推荐使用。1900 年纽约州银行协会发布了申请贷款的标准表格，包括一部分资产负债表。纽约第四国家银行副总经理杰姆斯是主张提供报表的积极支持者，他认为扩大贷款必须预测贷款人偿债能力，必须对报表进行分析。他设计出财务报表的比较格式。在接受了比较报表观点后，银行家们开始考虑应该比较什么。如有的比较速动资产与流动负债，许多判断认为，速动资产与流动负债的比率应该是 2.5：1。这可以证明，20 世纪初比率分析已经出现并被贷款人所接受。

1900 年，美国汤姆斯出版了《铁路报告分解》一书，在处理各种铁路报表因素时，使用了现代的比率分析方法，如经营费用与总权益比率，固定费用与净收益比率等。从此，财务比率分析作为评价财务状况的基础在投资领域越来越流行。

1919 年，亚历山大·沃尔建立了比率分析的体系。沃尔批评银行家只依靠流动比率进行贷款决策，他指出，为了达成全面的认识，必须考虑财务报表间的各种关系，而不仅仅是流动资产与流动负债之间的关系。在他出版的《信用晴雨表研究》和《财务报表比率分析》中，他提出了信用能力指数的概念：把若干个财务比率用线性关系结合起来，以此评价企业的信用水平。他选择了 7 种财务比率：流动比率、净资产/负债、资产/固定资产、销售成本/存货、销售额/应收账款、销售额/固定资产、销售额/净资产，分别给定了它们在总评价中的比重，总和为 100 分。然后确定标准比率，并与实际比率相比较，评出每项指标的得分。最后求出总评分。于是，利用财务比率对企业财务状况进行综合评价的观念开始流行。

在人们广泛接受比率分析方法的同时，人们（如财务分析师）感到需要一种类似成本会计中标准成本的比率分析标准，即标准比率。在每一个行业，都有以行业活动为基础并反映行业特点的财务与经营比率。标准比率的观点开始流行，许多组织开始计算这些标准比率。自此，公认财务比率标准产生。

从历史渊源可以看出，企业的公认财务比率是人们在长期实践中的经验总结，体现了企业共同的规律性或本质性、共性的东西。

（三）正反馈机制——财务比率预测能力的强化

这些经验总结的、基因下共性的、公认的标准一旦产生，企业就会进入一个不断强化的正反馈循环之中：人们把这些标准与某个具体的企业进行对照，以此判断企业的健康程度和发生财务危机的可能性（比如信用评级），并以此作为决策（如贷款、赊销、投资、加盟等）的依据；这些行为作用于企业的实际经营，促进了人们预期的结果的发生；而这些预期结果的发生反过来又强化了人们对这些比率的预见性的认同：财务比率（单项或综合）一旦超出一定范围，企业会陷入财务困境和财务危机。

综合以上的描述，可以用模型来表达企业财务比率的预测能力的形成机理（图 6-1）。

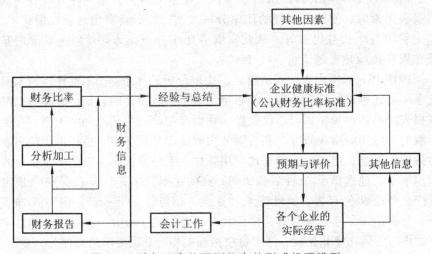

图 6-1　财务比率的预测能力的形成机理模型

系统科学告诉我们，系统的存在需要一定的条件，存在一些本质变量。所谓本质变量，指与系统的结构存在密切关系的一组变量。它们必须保持一定的阈值，系统才能生存，否则系统便要解体。对于动物来说，本质变量就是血压、脉搏、体温之类的一些变量，它们必须保持在一定的生理学的阈值之内，动物才能生存。

企业作为人造的有机体，其生存也存在一些本质变量，其中就有财务指标。比如现金流相当于企业的血液，是企业最重要的本质变量之一。企业财务比率的预测能力形成的逻辑前提是：健康企业内在地在财务比率的范围上是有要求的，健康企业和非健康企业在财务比率上是有差异的。

企业财务比率的预测能力的形成的逻辑过程是：人们在长期的实践活动中总结了企业财务比率的合理范围，形成了一些公认的标准→人们利用这些公认的标准对照企业，作出相应的评价和预期，并以此为依据作出决策→这些决策所导致的行为作用于实际的企业经营，影响了企业的前途→会计工作记录和反映了企业的经营活动，于是在会计信息中包含了这些决策的影响→人们对这些新增加的财务信息的总结，又进一步"证实"了公认标准的"正确"，强化了公认标准。正如图 6-1 所显示的那样，这是一个不断强化的正反馈过程。于是，人们根据企业财务比率的变化，可以预见企业经营的成败和财务危机的到来。

（四）财务比率的预测能力的一般解释

综上所述，财务比率的预测能力的形成机理是：从本质上看，财务比率对财务危机的预测能力来源于企业共同的本质，或者说企业基因项下的共性；从历史渊源上看，来源于人们对企业成败在财务比率上显示的巨大差异的经验总结；从机制上看，来源于人们利用这种经验所产生的正反馈强化效应。

企业内部条件的变化和外部环境的变迁，最终会影响到企业的财务状况、经营成果和现金流量。作为企业的主要经济信息，企业的会计信息及财务比率能够及时反映企业的经营及财务状况。一般情况下，对于走向财务危机的企业，财务比率在不断恶化；而不会出现财务危机的企业，财务比率保持稳定或不断改善。一个公司从财务稳定到财务危机的过程通常涉及相当长的一段时间。随着公司的财务经济条件恶化，它的特征由健康公司转向那些不健康公司，这种信号必然会在占企业经济信息 70%以上的会计信息及财务比率上得到及时体现。于是，通过分析财务比率及其变化趋势，可以发现企业财务状况的恶化和提前识别财务危机的到来。这种转换完成通常需要几年，于是公司正在恶化的状况的信号在实际失败前连续产生了很多年，因而产生了提前识别这些"走下坡路"公司的机会，也提高了早期及时标识出这种转换的需求和机会，这就表现为财务比率较强的财务危机预测能力。

二、财务比率预测能力的局限性

（一）财务危机内在的相对可逆和预不准

企业是自组织的耗散结构，与外界不断进行物质、能量和信息交换，所以企业系统相对可逆。企业的实际财务状况是多种负向价值力和正向价值力同时作用的综合结果，其财务变化的具体方向取决于这些力的相对强度对比，由此造成了财务危机形成演变的不确定性与财务危机可逆性。机遇（外在的正向价值力）和正确的管理行为（内在的正向价值力，如常规自救措施、大规模重组）都有可能使企业摆脱财务困境或财务危机。同时，外因式突发事件也可以将一个健康的企业无预兆地突然抛入财务危机。因此财务比率的变化不是单向的，它可以反复。

量子力学中有一个著名的测不准原理。与之相似，财务危机预警管理中也普遍存在着一种测不准现象——进行财务危机预警管理时，如果人们把预警结果加以利用（即排警，特别是大规模重组时），其主观与利用程度越深，则预警结果便"越不准确""越无效果"；反之，如果人们仅仅是预测其结果，而不加以干预利用，其客观与自在程度越深，则预测结果便"越准确"。考虑一种极端的情况：如果能完全预测准确，那些被预测将发生财务危机的企业，将不可逆转地、宿命地走向危机，财务危机的形成演化将是单向的、不可逆转的。如果这样，预测对于企业本身就意义不大了，企业自身就没有必要采取挽救行动了。这显然与实际情况不符：财务危机是可逆的，正向作用（包括正确的管理措施）有可能使企业避免财务危机。总之，要么设置的预测前提（提前时间）使预测本身失去了意义，要么预测不可能完全准确。借鉴量子物理学中的测不准原理，称之为"预不准原理"，而可逆性原理是预不准原理的基础。

财务危机内在的相对可逆和预不准，财务比率的变化不是单向的，它可以反复，这本质上决定了财务比率的预测能力只能是有限的。

（二）财务比率的加工材料和财务比率本身的局限性

财务比率的加工材料是财务报告，财务报告本身具有以下局限性：

（1）企业财务报表的易受操纵性。会计报表揭示会计信息的真实性、可靠性受企业管理决策层主观意志的影响，企业可能存在盈余管理等粉饰行为，诸如提前确认收入和延迟确认费用、少提准备，少转成本、固定资产折旧方法的变更、存货计价方法的变更、工程完工程度的估计，通过瞬时增加流动资产或减少流动负债粉饰其流动比率等，都可能导致企业财务报表的失真。

（2）财务报表加工方法的局限性。财务报告是会计人员工作的成果，会计报表中诸多会计信息需要估计测算，或需要对多种会计处理方法进行选择，会计人员不可避免地运用了必要的估计和职业判断，因而财务报告信息的真实性只能是相对的，而非绝对的。会计政策和会计方法的可选择性影响可比性和财务报表反映经济业务自身的真实性。企业采用不同的资产计价办法，会影响企业资产价值及收益水平等财务信息。

（3）财务报表计量的局限性。财务会计统一运用货币计量，仅能提供以货币形态表现的数量性信息，不能反映非货币的财务信息；会计报表信息大多是一种以历史成本揭示的账面信息，相对可靠但相关性不足，忽视了物价变动水平的影响，不能反映企业资产、负债和所有者权益及收入、成本、费用的实际价值，不能反映经济活动的机会成本，而机会成本往往是财务报表使用者作出决策必须考虑的因素之一。

（4）财务报表信息披露的局限性。在内容上，财务报表不可能反映企业的全部财务状况和管理状态，未予反映的某些资产、负债等项目，使会计报表不能真实完整地反映企业的财务状况；在数据类型上，财务报表中的数据是分类汇总性数据，它不能直接反映企业财务状况的详细情况；在格式上，统一格式的基本数据，没有体现多元化需求者的差异化需求。

（5）财务报表信息滞后的局限性。会计报表信息是一种反映企业过去情况的信息，其有效性受时间因素局限的影响。

（6）受特定报告期间的影响。资产负债表反映的是企业某一具体的时点的财务状况，如会计年末，并不一定能代表本会计年度其他时点的财务状况；季节性明显的企业，其损益表受季节影响很大，其资金占用变化也很大，据此分析可能产生误解。

（7）会计准则（制度）变化的影响。会计报表的编制必须遵守会计准则（制度），会计准则（制度）的变化可能导致会计报表在时间上、空间上都不可比。我国自 1992 年以来会计准则（制度）变动频繁，这一点特别突出。

财务比率是相对数，能排除规模大小的影响，使不同比较对象建立起可比性。财务比率能反映各会计要素的内在联系，能提供关于公司基本状况的线索与征兆，因此运用财务比率分析企业的财务报表，能综合衡量企业的财务状况、经营成果和现金流量。但是财务比率除了由上游数据带来的局限性，还有其本身的局限性：

（1）从本质上讲，财务比率分析本身并不严谨。比率的选择、比率的确切定义以及比率的解释在很大程度上带有判断和假定的色彩，它能提供寻找问题的线索而不是问题的本质和根源。

（2）财务比率的优劣没有一个绝对的判断标准。比率分析涉及企业经营管理的各个方面，而各方面的业务活动都是相互联系、彼此制约的。不同的比率分别说明不同的方面，孤立地分析个别比率，可能会得出相互矛盾的结论，从而使人无所适从。

（3）不同企业之间可比性的局限。很难找到合适对比的企业，即使找到了与本企业产业或服务类似的企业，仍然会面临企业规模大小不同或会计实务上的差别。

（4）分子分母的计算基础可能不一致。将一个损益表的数值和一个资产负债表的数值用于计算比率时，资产负债表反映的是会计期末的时点指标，而损益表反映的是整个会计期间的时期指标，如果资产负债表的数值在该会计期间不具有代表性，那么计算出来的比率将不可避免地会产生误导。

（5）集成度水平的局限性。集成度反映数据和信息事实的综合程度，集成度水平越高，信息的综合程度越大。一般说来，总括财务数据计算出的财务比率的集成度水平要高于局部财务数据计算出来的财务比率的集成度水平；加权计算出的财务比率的集成度水平要高于个别财务比率的集成度水平。如果集成度水平过低，易导致使用者片面注意企业某一方面的情况，而曲解整个经济事实；反之，如果财务比率集成度水平过高，会掩盖局部已经发生的问题。

（6）财务比率幻觉。所谓财务比率幻觉，是指只注意财务比率值而不关心财务报表中所包含的得出这些比率值的原始信息的情形。事实上，财务报表中的这些原始信息项目对评价经营状况和业绩至关重要。例如，总销售额、营运资本和利润额对评价一段时间内发生的绝对规模变化或公司间的规模差异往往非常有用，但财务比率却无法提供此类信息。由于财务比率衡量的是相对的经营状况和业绩，因此财务比率只能描述公司的部分状况。然而，在比较两个公司时，评价利润的绝对大小和评价各家公司的相对盈利能力常常同等重要。

（三）财务比率预测能力的其他制约

当然，企业的健康标准不仅仅是公认财务比率标准，公认财务比率标准只是其中最主要、最常用的部分（由于其简单、明了和强制性的会计系统的生产和规范的周期性披露）。另外，企业的健康标准的形成还得考虑两个因素：

（1）其他信息。其他信息指非财务信息，如企业战略、人力资本状况、所在的行业状况、技术、装备、产品竞争力。其他信息对财务比率标准也有影响，其中行业状况是一个人们很早就认识到的因素，不同行业的公认财务比率标准有差异。这些非财务信息与财务信息相关联，但并不是线性相关和同步。这些因素决定了财务比率安全标准是变化的，是有一定适用条件的，财务比率的预测能力是有局限的。

行业对财务比率的影响有两种变化趋势：一方面，不同行业财务比率存在趋近化，如同马克思在社会平均剩余价值率描述的那样，资本和社会资源从低利润率的产业不断转移到高利润率的产业；另一方面，由于创新的不断发展和行业生命周期的演进、产业进入与退出壁垒、新行业的产生，行业之间的差异永续存在。行业对财务比率的影响实际上是这两个矛盾的变化趋势的综合结果。

（2）其他因素，主要包括法律法规、信用评级技术、时代特征等。比如破产法，规定了破产界限；信用评级技术，限定了判断一个企业安全程度的衡量因素和权重；不同的时代，企业经营倚重的资源种类有所不同，如工业时代更倚重物质资本，而知识经济时代更看重人力资本，因而关注的比率重点是不同的。这些因素将对比率指标的权重、评价标准的阈值等产生影响。

综上，甚至可以得出一些推论：① 随着知识经济时代智力资本的重要性增强，财务比率的预测能力会下降，因为非财务指标越来越重要却没有计入；② 随着我国法律的规范和新破产法的颁布实施，在中国财务比率对财务危机的预测能力在提高，现金流量指标的权重将增加；③ 法律规定的变化，会改变财务危机的标准，进而影响预警的阈值，比如在中国，Z 值的临界点有上升趋势，因为新破产法的破产标准降低；④ 企业类型、组织形态越来越多样化，会减少预测的精度。所以可以说，财务危机具有时期烙印（不仅仅指经济周期）。

三、结 论

财务比率对财务危机的预测能力的形成机理是：从本质上看，财务比率对财务危机的预测能力来源于企业共同的本质，或者说企业基因项下的共性；从历史渊源上看，来源于人们对企业成败在财务比率上显示的巨大差异的经验总结；从机制上看，来源于人们利用这种经验所产生的正反馈强化效应。企业内部条件的变化和外部环境的变迁，最终会影响到企业的财务状况、经营成果和现金流量。作为企业的主要经济信息，企业的会计信息及财务比率能够及时反映企业的经营及财务状况。分析财务比率及其变化趋势，可以发现企业财务状况的恶化和提前识别财务危机的到来，这就表现为财务比率较强的财务危机预测能力。

财务危机内在的相对可逆和预不准，决定了财务比率的预测能力只能是有限的；加上财务报告的局限性、财务比率本身的局限性，以及其他制约因素，财务比率预测能力具有局限性。因此，以财务比率为基础的财务预警模型的使用需要谨慎。也许，最终解决此问题的出路是回到财务危机问题的本原——企业价值流问题，即基于企业价值流的预测和分析。

第二节　企业财务危机预警信息的生成与发布

财务预警信息是财务预警工作的成果输出，是向企业经营者或其他利益相关者发出的警告信号，那么预警信息的生成和发布应该满足什么要求？从财务危机的系统分析和仿真研究可以看出，造成财务危机的原因很多，财务危机具有"多因性"，正如第五章第三节所揭示的，是一种"多因素耦合"，而预警信息最重要的性质就是决策有用性（即相关性），应该体现出这种"多因性"特点。

现有文献很少系统探讨财务预警信息的性质，在财务预警研究中存在很多误区：在研究目的上，突出表现为没有区分不同信息利用者的不同需求；在研究方法上，突出表现为在财务预警方法和模型的研究中试图寻求统一的预警方法和模型、运用统一的指标体系和统一的判断标准解决所有企业的问题；在信息发布上，现有财务预警体系，无论是单一指标法还是多指标法，最终结果都只是给出了一个数字，通过这个数字，企业可以判断自身财务状况是良好还是濒临危机，除此之外什么都得不到。这点信息对于企业的外部利用者，也许足够了；但对于企业的内部利用者，具有单一提示功能的预警信号，因缺少危机动因信息、防范措施信息、决策支持信息而显得信息含量不足，使得即使发现危机也束手无策，错失调整财务政策、经营策略以挽救企业的最佳时机。

作者认为，由于不同信息利用者的目的不同、对信息的质量要求不同、关注的重点不同、财务危机认定标准不同、信息成本效益不同、基础信息采集能力和条件不同，以及各种方法和模型的适用范围、有效性、复杂程度、精度、使用成本等不同，财务预警信息的生成应该有所区别和侧重。同时，由于信息利用者的需求不同、接受能力不同、层次不同、关注重点不同、利用深度不同，财务预警信息的发布内容、表达方式、发布渠道、发布手段等发布方式，也应该有所区别。总之，应根据信息利用者的个性化需求和条件，选择最适合的财务预警信息生成方法、方式和模型，采用最适合的财务预警信息发布方式（发布内容、表达方式、发布渠道、发布手段等），向信息利用者提供最适合的预警信息，即实行财务预警信息的精细化生成与发布。

一、财务危机预警信息的特点

从财务危机预警信息的使用者和加工过程来看，财务危机预警信息具有以下特点：

（1）不同类型信息利用者的目的不同。企业外部的信息利用者由于不参与企业的经营管理，他们掌握预警信息的目的在于了解企业现状，分析企业未来，为其下一步行动提供依据。如投资者的目的是及时调整投资策略，选择最具价值潜力的企业投资，规避投资风险和投资损失；债权人的目的是判断能否按时收回本金和利息，保证债权的安全；注册会计师的目的在于准确评估企业的可持续经营能力，发表恰当的审计意见，避免审计失败可能带来的诉讼。而企业内部的信息利用者身处经营过程和管理活动中，他们掌握预警信息的目的在于及时发现、控制风险，采取预控措施防止企业经营、财务困境和危机的发生，以及尽快摆脱困境和危机，更好地控制经营过程，提高企业的经济效益和安全，保证企业在市场竞争中立于不败之地。

（2）不同类型信息利用者对信息的质量要求不同。预警信息应该具有决策相关性，具有单一警报功能的预警信号，对于一般的外部利用者决策，也许足够了；但对于企业内部利用者，因缺少危机动因信息、规避措施信息、决策支持信息而显得信息含量不足。内部利用者不但需要知道企业存在财务危机，更要了解警源和处置对策，他们对信息的质量要求高得多。并且，企业内部不同层次的管理者，所需预警信息的范围、重点、详细程度也不尽相同。

（3）不同利用者关注的重点不同。虽然大多数情况下人们只关心企业是否会发生财务危机，但对于决策者来说，他们更需要了解财务危机的具体形式。财务危机形式不同，其与决策的相关程度也是不同的。投资者相对更看重企业的盈利能力；债权人相对来说更看重偿债能力，其中长期债权人和短期债权人的关注重点也有所差异。企业内部不同层次的利用者，关注的重点也不同：高层主要关注影响全局的大事，低层一般只关注与他直接相关的事件。

（4）不同信息利用者的财务危机认定标准不同。在建立预测模型时，必须首先定义财务危机的标志事件，也就是确定模型以什么标准认为一家企业陷入了财务危机，因为只有当预测模型的标志事件与决策者需要预测的经济事件一致时，模型才能成为决策者的决策辅助工具。不同的机构可以根据管理需要，设定一个财务危机认定标准，如银行与投资者相比，它对财务危机的认定标准就比较低，它可能认为企业无法按时偿还到期贷款资金就是财务危机。

（5）不同类型信息利用者的信息成本效益不同。一般来说，对于大多数外部利益相关者，有关某个企业的财务预警信息的价值是有限的，他们不可能为此付出太多的信息搜集和加工成本（当然，外部利益相关者的情况也差别很大，还要继续分类）。因此，他们不可能为每个企业建立一般意义下的"企业财务预警系统"，一般情况下只需要应用一些成熟的预测模型。而企业本身就不一样，它们一般需要在内部建立"企业财务预警系统"。但对于不同规模、不同行业的企业，它们建立的财务预警系统的结构、完备程度、复杂程度也相差很大。比如中小企业与大型企业集团相比，它们建立的系统应该简单得多，这样才符合成本效益原则。

（6）不同类型信息利用者的基础信息采集能力和条件不同。企业的外部利益相关者和企业内部的经营管理者在信息上是很不对称的：企业的外部利益相关者基本上只能根据企业对外的公开信息（主要是财务报告）进行分析判断，基础信息的完备性、准确性、及时性受到制约；而企业内部经营管理者拥有比企业外部利益相关者完整、及时、准确得多的基础信息，理应有更好的办法和更多的手段。

（7）各种预测模型和方法的适合性不同。财务预警的模型和方法很多，按照预警信息能否量化，可以分为定性模型和定量模型；按照是否具有自我学习功能，可以划分为静态财务预警模型和动态财务预警模型。各个类别中都包含多种具体模型，如静态财务预警模型包括单变量判定模型、多元线性判定模型及其派生模型、概率模型等。这些模型的适用范围、有效性、精度、复杂程度以及相应的使用成本等不同，使用者应该根据实际需要进行选择。

（8）不同层次的利益相关者对信息的理解能力不同。以投资者为例，公共投资者对会计报告中的有关指标仅仅基本理解或部分理解，完全理解的比例很低，还有部分基本不能或完全不能理解；相对而言，机构投资者的理解程度要好于公共投资者，说明机构投资者所具有的良好的专业知识能帮助他们正确地理解公司的财务报表。可见，应该根据受众的接受能力选择表达方式。

（9）不同的信息发布方式影响信息接收者的反应。根据人对信息的响应理论，不同的人，对信息的需求是不同的；同一个人，当采用不同的信息发布方式（信息的简繁、内容的详略、表达方式）、发布渠道时，这个人对同一件事的信息的可接收性、可理解度、关注程度、反应方式都可能不同。因此，应该研究不同信息受众的响应特点，研究他们不同的需求、反应，按照信息与人的耦合作用和最佳匹配关系，选择最恰当的发布方式。

基于以上理由，有必要实行财务预警信息的精细化生成与发布。

二、财务危机预警信息生成与发布的基本原则

财务预警信息属于信息的一种，它应当具有信息的一般特性，同时还应当具有预警的特色。据此，作者认为财务预警信息精细化生成和发布应遵循以下基本原则：面向用户原则、客观性原则、相关性原则、及

时性原则、明晰性原则、全面性原则、重要性原则、成本效益原则、保密性原则。

面向用户原则要求，财务预警信息必须根据信息利用者的不同需求和接受特点，有针对性地产生满足信息利用者要求的预警信息，并以最适当的方式提供给信息利用者。

客观性原则要求，财务预警信息必须真实、客观地反映企业的财务风险状况。当然，财务预警信息描述的多是企业未来的状况，这种客观性只能是相对的，但是它的产生基础必须是真实可靠的、它的加工生成方法必须是科学合理的。

相关性原则要求，财务预警信息必须同信息利用者的经营决策密切相关，有助于或影响人们决策。相关性实际上就是决策有用性。

及时性原则是指财务预警信息具有时效性，必须是根据企业适时最新的经营财务状况和外部环境变化产生的，必须在信息的有效期内到达信息利用者。

明晰性原则是指财务预警信息应清晰完整、简明扼要，清楚地反映企业面临的财务危机风险，便于理解和利用。

全面性原则，亦称充分揭示原则，是指财务预警信息应当反映信息利用者所要了解的企业财务危机风险状况的全貌。对于企业内部利用者来说，预警信息不但应当揭示财务危机的存在，而且要揭示警源、警度、影响程度及处置建议。就像医生看病一样，不但要判断是否有病，更要告诉患者生病部位、病的种类、严重程度，以及开出相应的处方。

重要性原则是指财务预警信息应重点揭示对信息利用者决策有用的重要事项，而对次要方面，在不影响预警信息的使用价值的前提下，可采用经济简化的处理方法，无须精确。重要性取决于信息的省略或差错对信息利用者根据预警信息所做的决策的影响程度的大小。

成本效益原则是指预警信息的价值大于预警信息的成本，在生成方式和发布方式的选择上，应考虑不同方式的效益和成本，保证信息生成和发布的经济性和有效性。

保密性原则主要是指企业在发布财务预警信息时，在信息的传播范围上进行分类分级，注意保守商业机密；在信息的传送手段上建立必要安全机制。要知道，"流言"可能使企业陷入困境甚至倒闭。

三、财务危机预警信息生成与发布的基本要求

根据财务危机预警信息精细化生成与发布的基本原则，可以归纳出财务预警信息精细化生成与发布的基本要求：在需求分析的基础上，根据不同信息利用者的实际需求、关注重点、生产能力和条件，按照成本效益原则，选择合适的预测方法和模型并注意预测模型使用的限制条件，生产最适合信息利用者需求的预警信息；并根据不同信息利用者的目的、知识层次、关注重点、接受能力、利用深度，按照信息与人的耦合作用和最佳匹配关系，以最恰当的发布方式提供给信息利用者。

具体要求内容如下：

（1）了解信息利用者的实际需求，突出他们的关注重点。

首先，了解信息利用者的实际需求。企业外部利用者与内部利用者在利用目的、条件、能力、质量要求等方面存在很大的不同。企业外部利用者一般情况下不存在专门为某企业建立"财务预警系统"的问题，也没有建立该系统的条件，只需要采用已有预测模型并收集相应的公开基础信息。他们对警报情况一般不需要知道得太详细。而企业内部使用者不但需要了解企业是否存在危机，而且需要知道危机的来源、性质、严重程度、有效对策。所以企业本身，特别是大型企业，一般应当建立财务预警系统。

其次，选择有针对性的财务危机认定标准。由于预警信息的利用者决策的项目性质、时间、经济环境等因素各异，所需信息的内容、侧重点也不同。这些将影响财务危机的认定标准。陈凯凡和陈英（2004）建议债权人使用以下财务危机标志：首年现金流量少于当期到期的债务，其中现金流量定义为经营利润加上非付现费用之和[10]。

最后，在同类信息利用者中区分不同层次。比如，对于企业内部，李贺认为，企业财务预警系统是企业决策支持系统的一个子系统，它依托于企业的组织运作来完成预警目标，因此财务预警系统必然分为决策层、管理层和执行层三个层次。它们所接触的信息范围和详细程度是不同的，层次越往上，范围越大、越综合；层次越往下，范围越小、越细致。

（2）选择合适的预测方法和模型。

首先，考虑不同类型方法和模型的适合性。单变量判别分析适用于精度较低的场合，但它可以提供快速、便捷的预测结果。多元线性概率模型、罗吉斯蒂克（Logistic）模型和费希尔（Fisher）线性判别模型适用于对短期预测精度较高的场合，而因子分析方法、主成分分析法和熵

值法则适用于对预测精度较高、对预测能力的稳定性要求较高的场合。信息生成者应根据自己的实际需要和成本效益原则加以选择。

其次，考虑行业、企业规模等因素的影响。各个行业之间的企业财务状况相差甚远。农业和房地产行业是财务表现差异很大的两个行业，如果按照统一的财务预警模型进行预测，其结果是不准确的。比如，受风险投资者青睐行业中的企业，能承受更多的风险。该类行业中的企业，有时可能表现出这样的状况：现金链对外依赖严重、公司运营缺乏谨慎、短期资产远远不足以偿还短期负债等，看似已经如履薄冰，财务危机重重；但由于受到风险投资者的青睐，仍能获得有效的投资，可以继续有效运营很久[2]。

最后，不同规模的企业，对财务预警的关注重点、警报阈值和信息生产能力不同。一般来说，中小企业的信息生产能力低于大型企业。由于我国中小企业具有所有权与经营权高度统一的管理模式、人员素质偏低、企业融资比较困难、企业经营周转的营运资金短缺、盈利能力低下、企业市场竞争力相对较弱等特点，我国中小企业的财务预警模式宜简不宜繁，利用现金流量表和现金预算表来进行财务预警不失为经济的做法。

其他因素如银企关系、企业生命周期阶段、宏观经济环境、国家扶持政策、审计意见、管理层声誉等对企业财务预警信息的生成也会产生影响。

（3）注意预测模型使用的限制条件。

模型的使用在时间、空间和行业上存在一定的限制。不但财务数据和比率受到诸如会计核算标准、各国政府政治的影响，预警指标、预警模型以及预警指标或模型的判断标准也会受到企业规模、所处行业、地域、面临的经济法律环境以及样本选取范围和样本时间区间等诸多差异的影响，因而在做出企业财务风险判断时存在着一定的局限性。

同时，不同的模型需要不同的前提条件，多元线性判别模型要求自变量呈正态分布，两组样本等协方差，而事实上很多时候这些条件并不能得到满足，这使得很多模型的正确性和预测精度受到影响。

（4）研究信息利用者对信息的响应特点，选择合适的信息发布方式。

在人对信息的响应理论的指导下，研究预警分级理论和发布技术；针对不同的人员类型，按照匹配原则，采用适合不同受众的发布渠道和发布方式。由此确定预警信息的内容详略、警级的设定、信号方式。比如，根据常立华、佘廉和吴国斌（2006）的调查，企业人员大都认为警级不能太多：警级设定太多，警报信号颜色太多，会导致各警度的含义分辨不清、难以理解，反而有副作用[97]。

在企业内部，由于信息利用者的层次、主管范围以及保密的需要，需要对预警信息进行分类分级。不同类别、级别的信息的重点、详略程度等都可能是有区别的。评估不同报警渠道（统一收发、逐级汇报，还是可以越级直接反映等）、报警手段（内部局域网、口头报告、书面报告、电话等）、报警时限、表达方式、信号系统等发布方式的效率与成本，然后进行权衡。

第三节　面向企业内部的财务危机预警管理系统

近几年，财务危机预警模型发展很快，但现有预警模型都有重要缺陷：

（1）没有区分企业内部和企业外部的不同需求和不同信息条件，没有针对性；

（2）过于依赖企业的定期报表，时效性差；

（3）没有把研究重心放在企业内部的应用上；

（4）模型建立在一定的假设之上，而这些假设难以满足；

（5）模型参数通过样本推出，代表性值得怀疑；

（6）自变量的选择缺乏理论指导，有失偏颇；

（7）存在无法克服的分类错误；

（8）无法识别财务报表虚假信息，造成结果失真。

这些缺陷导致了模型的应用缺乏普适性，实用性差。

企业的外部利益相关者（投资者、债权人、注册会计师等）和企业内部的经营管理者在财务预警的应用目的、应用条件都是不同的。投资者的目的是及时调整投资策略，选择具有核心竞争力的企业投资，规避投资风险和投资损失；债权人的目的是判断能否按时收回本金和利息，保证债权的安全；注册会计师的目的在于准确评估企业的可持续经营能力，发表恰当的审计意见，避免审计失败可能带来的诉讼。而企业内部经营管理者的目的在于及时发现、控制风险，采取预控措施防止企业经营、财务困境和危机的发生，以及尽快摆脱困境和危机。另外，企业的外部利益相关者和企业内部的经营管理者在信息上是很不对称的。企业的外部利益相关者基本上只能根据企业对外的公开信息（主要是财务报告）进行分析判断，信息的完备性、准确性、及时性受到制约；而企业内部的经营管理者拥有比企业的外部利益相关者多得多的信息，理应有更好的办法和更多的手段。作者还认为，一个企业在不同的时期、不同的发展阶段，主要矛盾和矛盾的主要方面也是有区别的。从时间上来说，不同的时间长度，看待企业的重点应有所侧重：长期（3 年以上）来看，应更看重成长性和发展潜力；中期来看，更看重赢利能力；短期（1 年以下）来看，更侧重现金流量、偿债能力和营运能力。

财务危机应当"内因为重"和"预防为主"，而企业财务危机的"正反馈"，使及早警报和控制具有重要意义；财务危机的"累积性"，为财务危机的预测提供了可能性；财务危机的"相对可逆性"，为财务危机的及早干预提供了前提。

因此，财务预警研究的重点应转移到企业本身的应用上来，建立面向企业内部的、针对经营管理层的、着眼于短期的财务危机预警管理系统。

一、系统构建原理

（一）构建思路

预警包括预报和预控，必须要体现"预"字，体现预见性、事前性。现在把关注的重心应放在企业本身上，来进行反向思考：如果能够预见到行动的后果，用现在行为的未来结果来判断现在行为的合理性并指导现在的行为，就能尽量避免财务困境的出现，或者提前采取措施避免形势恶化，从源头上解决问题。而滚动预算就提供了这样一种可能途径：如果预算是全面的、合理的，符合预算的结果（或者差异在安全范围内）就应当是可取的。

那么，财务预警管理思路是：编制企业全面预算（弹性，滚动式），经检验符合财务安全要求→监测、记录实际经营情况，并推演未来的财务结果→分析判断未来结果与预算的差异是否在可接受范围之内，如果不在，则警报→如有警报，则采取预控措施，避免或扭转财务困境→保证企业始终保持财务安全。

一种实用的财务预警系统必须满足以下三点：及时性、面向未来、寓于日常管理中。

因此，面向企业内部的财务预警管理系统有以下特点：① 利用计算机实时编制企业的预算和记录实际的运行结果，及时反映企业财务状况的变化，满足及时性。② 基于滚动预算，而预算就是面向未来的。本系统有些用来与预算（远期的）进行比较的所谓"实际"数据就是面向未来推演的，用现在行为的未来结果来判断现在行为的合理性并指导现在的行为。③ 基于责任中心，是与日常财务控制相结合的。

（二）系统结构与构建基础

面向企业内部的财务预警管理系统（见图 6-2）是由三个子系统组成的：① 组织子系统；② 制度子系统；③ 信息子系统。信息子系统完成系统的监测、识别、诊断、评价功能；组织子系统完成系统的原始输入、组织领导、日常管理维护、预控（或排警）措施选择和执行等；制度子系统规定了系统的组织原则、工作权限、运行程序、运作方式等。因此，财务预警管理系统的基础包括组织基础、政策与制度基础、技术基础。

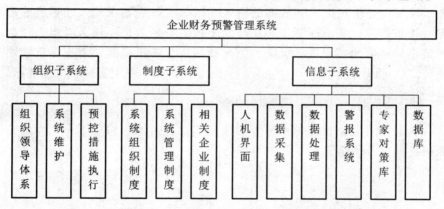

图 6-2 企业财务预警管理系统结构图

1. 组织基础

组织基础包括两方面：一是划分责任中心；二是建立财务预警管理系统的组织机构。

企业的预算是由若干分级的小预算组成的，与此有关的控制，也是分单位进行的。这就是所谓的"责任预算"和"责任会计"思想。按照"责任预算"和"责任会计"的要求，把每个内部单位称为"责任中心"，即企业内部负有特定管理责任的部门或单位。按企业的组织结构合理划分责任中心并确定各自的关键绩效变量，是进行财务预警管理的必要前提。同时，企业还应当建立财务预警管理系统的组织机构，负责对财务预警系统的领导、管理，以及预控（或排警）措施的选择和执行。

2. 政策与制度基础

企业应该建立下列与企业预警管理有关的政策和制度：预算管理制度、资本结构管理政策、营运资金政策、股利分配政策、应收账款政策、投资决策管理制度、销售与价格政策、采购管理制度、差旅费报销制度、存货管理制度、固定资产管理制度、短期筹资管理制度、短期投资管理制度、业绩考核与奖惩制度、危机处理程序等，这里就不再一一详述。

3. 技术基础

首先，企业必须已实现电算化，一般应建立局域网。滚动预算的编制周期很短，必须使用计算机技术自动生成。对于有多个出纳部门的集团公司、跨国公司，则必须实现财务联网。

其次，必须规定原始数据的输入时限。实时性要求输入计算机的数据必须是新的，并不断更新。从技术上说，原始数据的输入时限必须小于最小采样周期，否则，反映的情况就滞后，甚至引起误解，导致错误决策。这可以从控制论（信息论）中的采样定理（香农定理）得到解释。

（三）模型及原理

本书运用滚动预算、预警管理理论和信息技术，构建了一个面向企业内部的财务预警管理系统模型（见图 6-3）。

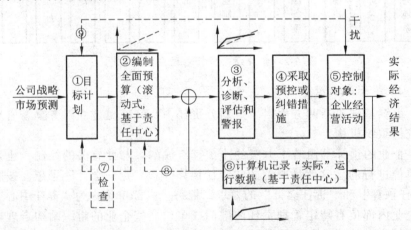

图 6-3　面向企业内部的财务预警管理系统模型

其控制原理为：企业管理当局根据公司战略和市场预测制定目标计划，并按照全面预算管理要求、预算编制程序人工形成所有不能由计算机自动生成的预算信息（模块①）→计算机根据这些信息自动生成全面预算，最终形成现金预算和预计资产负债表、预计损益表、预计现金流量表（多期，扩展式，细分到各责任中心）（模块②）→与记录到的实际经济运行数据（扩展式，也细分到各责任中心）（模块⑥）相比较（比较环节⊕）→计算机计算分析比较实际经济运行数据与预算数据的差异，给出提示信息，并对重大差异进行预警（模块③）→企业管理人员根据提示，采取一般控制措施；若有警报，则根据警报提示经领导确认后采取紧急措施或修改一般控制措施（模块④）→这些控制措施作用于实际的经济活动（模块⑤），形成实际的运行结果。

主反馈环节（模块⑥）：记录"实际"的经济运行结果，并与预算数据进行比较。注意：这里的"实际"是加引号的，因为有些参与比较的是根据实际采取（或选择）的行为（结果）推演的未来的"结果"。

模块③、④、⑤、⑥和比较环节⊕构成了一个闭环控制回路（实际上是基于责任中心的多层次控制回路群），该控制回路的连续有效运行将保证企业始终处于财务安全状态。

其他反馈环节：

（1）在编制预算时，由于目标太高或太低，预算有可能脱离现实需要。因此，在全面预算（模块②）和目标计划（模块①）之间，设一条反馈通道（模块⑦），对预算的可行性进行分析判断并做出提示，经领导确认后修改或确认目标计划。模块①、②、⑦构成的闭环控制回路将保证企业的全面预算是合理的、可行的。

（2）预算是滚动式的，需要下一编制周期的期初数值。因此，在实际运行数据（模块⑥）和预算数据（模块②）之间，设一条反馈通量⑧，在每个预算编制期初，将上一编制期的实际运行结果的有关数据引入，作为下一编制期的期初数值。该反馈环节保证了滚动预算编制的计算机自动化。

前馈环节⑨：企业不断监控自身所受到的重大干扰，及时评估这些干扰的影响，通过前馈环节⑨把影响结果输入系统。本系统所说的重大干扰是指企业内外部环境出现的非正常的、预算中未体现的重大变化，可能是不利的，也可能是有利的，但一般是不利的。这主要包括：国家投融资政策的变化、税收变化、重大诉讼、重大设备事故、重要货物的丢失、自然灾害、原材料供应突然中断、巨额坏账、重大赔偿、销售环境突然变化、突然爆发的价格战等。

二、技术要点

1. 数据的来源可以是临时性数据库文件

实时预警追求的是及时性，如果还坚持只有经过记账处理的数据才能用，则显然难以满足要求。预算主要是为内部管理使用的，其产生的资料一般不对外，不必追求绝对正确可靠，况且一般输入的数据也应该是正确的。因此，临时数据库中的数据也可以用。在具体技术处理时，根据设定的采样周期时间范围，对这个范围内的数据，已经过记账处理的数据，就取自稳定数据库文件；没经过记账处理的数据，就取自临时数据库文件。

2. 计算机自动编制预算及推演未来"结果"

本系统的特点是面向未来、滚动式的，其关键在于计算机能实时反映各种经济活动、各种外部环境变化的结果及其对未来的影响。因此，该系统的关键在计算机系统能自动编制预算及推演未来"结果"。

为了实现计算机编制预算和推演未来，并满足弹性预算的要求，各变量之间的关系应采用公式表示。这种滚动预算的编制方法叫公式法。从理论上讲，公式法编制的时间跨度（递推产生的多个连续的预算的总周期）可以很大，但由于预测（计划）准确度的时间限制，一般以一年为观察期，所以一般只产生未来一年内的预算。

在计算机编制预算过程中，可能还会要求编制输入一些数据（如原始计划数据、重大干扰预计的影响结果），并检查数据的正确性，因此是一个人机互动过程。

3. 计算机分析及预警

在系统建立时，要根据会计学上的差异分解法（即"量差"与"价差"分解）和可靠工程中的故障树分析法或失败学中的失败树分析法，建立系统的财务失败因果图。故障树法（Fault Tree Analysis，FTA）是一种特殊的树状逻辑因果关系图，它按照故障路径上可能涉及的事件，逻辑与门、或门和特定的符号描述树中各种风险因素和事件的逻辑因果关系，通过构成树的基本事件发生概率，按照故障路径上逻辑门的类型，运用布尔代数的方法，推算顶事件（故障发生事件）的概率及主要路径和关键源因素。FTA方法的着眼点是事故的预防，是事前的分析和估计。因此对于一项较复杂的事件，其数的结构通常很庞大，因为树中要包含每一条可能发生事故的路径。失败树（Failure Cause Tree Analysis，FCTA）的着眼点是对确已发生的失败事件进行分析，其发生路径、源因素、控制条件相对而言是确定的，失败树的结构逻辑线路也就是确定的，树的结构也相对明晰简单。一个企业的财务失败故障树是很复杂的、庞大的，限于篇幅，本书只抽取其中的"产品制造成本高"故障树模型（见图6-4）。

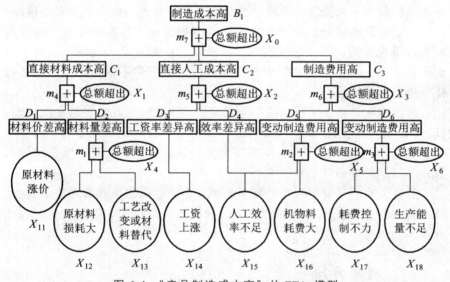

图6-4　"产品制造成本高"的FTA模型

注：图中 B_1 是顶事件，$X_{11} \sim X_{18}$ 是基本事件，$C_1 \sim C_3$、$D_1 \sim D_6$ 是中间事件，$m_1 \sim m_7$ 是逻辑门（本图中全部是条件或门），$X_0 \sim X_6$ 是条件事件，控制相应逻辑门的起用。基本事件通过逻辑门、中间事件，最终形成顶事件。以原材料涨价为例，$X_{11}=1$，导致 $D_1=1$，中间事件"材料价差高"发生；如果此时总的直接材料成本超预算，条件事件 X_1 成立，$D_1 \sim C_1$ 的或门 m_4 打开，$C_1=1$；如果此时总的产品制造成本超预算，条件事件 X_0 成立，$C_1 \sim B_1$ 的或门 m_7 打开，$B_1=1$，顶事件发生。

需要说明的是：计算差异是一直工作的，因为它是识别、诊断、评价，给出警报并给后续的模块④以控制提示的基础；差异分析一般只在期末进行，因为其参照标准——预算数是分编制期的。

预警是根据差异计算的结果进行的。为此，需要预先设定的阈值，作为警报的触发信号。并且根据差异的大小，划分不同的警报级别。这些触发指标有的是绝对数，有的是相对数，如销售额是绝对数，收账率是相对数。有的指标单独可以引起警报，如损失额超过预算现金余额的非正常损失；有的需综合考虑影响才能引起警报，如综合的不利差异额接近预算现金余额；也有的是某些模型综合指标引起的。在产生警报的同时，应把产生警报的原因给予相应的提示。

4. 预 控

警报发生后，计算机会从对策库中给出相应的预控（或排警）措施提示。管理人员根据警报原因、警报级别，以及计算机给出的提示，采取相应的预控（或排警）措施。预控措施可以分为一般措施和紧急措施。

一般控制措施是在非严重情况下采取的措施，这些措施是由企业的有关政策规定的，是经常性发挥作用的。它一般包括开支额度控制、超支审批、收入督促、短期投资与变现制度、筹资与还款、促销、加紧收账、调整价格等。

紧急措施是指在紧急情况下才采取的应急措施，其特点是一次性的、代价高。它一般包括紧急筹资、推迟工程工期、固定资产变现、债务重组、强制性推迟付款、人事调整以及其他危机处理措施等。紧急措施只有在经高层领导确认后才能实行。

需要说明的是，对于紧急控制措施，企业也应当做到事先心中有数，特别是在财务状况不太好的情况下，最好预先制订一些应急方案，以免遇事不知所措。

三、运用方法

1. 网络构建

除了集中在总部的几个公司共用一个局域网，其他大一点的子公司都自建局域网。各独立局域网在总部的小型机上建立"虚拟企业"，通过定时传输技术更新数据。局域网采用 B/S 模式，数据获取应用数据钻取技术。各子公司每天定时自动向总部传输数据。结构示意图如图 6-5 所示。

2. 预算关系导航图和预算期间

集团内推行全面预算管理，为此，划分各级责任中心，并确定各自的关键绩效变量。各责任中心的预算严格遵循以下关系：

本级责任中心的预算=下一级各责任中心的预算之和+
本级责任中心本部的预算

以此关系为依据建立预算关系导航图。

预算期间为：近 3 个月的为月度预算，再向前为 3 个季度预算，总长为一年，滚动进行。

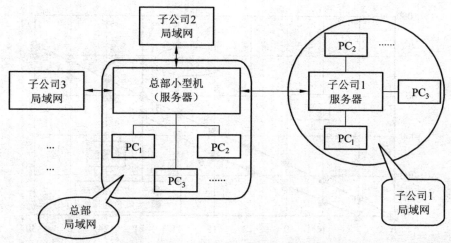

图 6-5　企业集团计算机网络结构示意图

3. 警级的设定

实验心理学指出，人的最佳管理对象是 3 个元素的系统，最多不超过 9 个元素，否则即模糊了。根据调查，企业人员认为警级分三级，即无警（绿灯）、轻警（黄灯）、重警（红灯），最容易理解，太多则难以分辨。下面以收入为例进行说明。

收入预算线：监控收入支出，一般监控它们的预算期累计发生额，而不是每天发生额（当然对支出的每次最大额度也有监控），一般假设收入、支出均匀发生，所以预算线取原点 O 与预算终点 D（横坐标为预算末期、纵坐标为该期预算总额）的连线。

收入红色警报线：考虑到实际的收入并不均匀，须有一定弹性，且考虑登账有可能稍有延迟，故该线为一折线。第一段为原点 O 与点 A（横坐标为宽限期、纵坐标为 0）的连线，第二段为点 A 与点 B（横坐标为预算中期、纵坐标为该期预算的 $X_1\%$）的连线，第三段为点 B 与点 C（横坐标为预算末期、纵坐标为该期预算的 $X_2\%$) 的连线。($X_1 < 50$, $X_2 < 100$, 具体数值根据历史经验和管理要求确定)

对于收入，预算线以上为无警区，收入预算线与收入红色警报线之间为轻警区，收入红色警报线以下为重警区。图 6-6 为收入警级设定示意图。

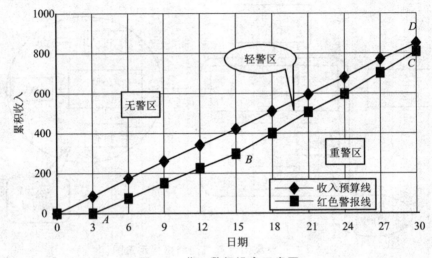

图 6-6　收入警级设定示意图

4. 系统管理

本系统采用财务预警与财务日常控制相结合的方式进行，各公司预算管理委员会为领导机构，各责任中心主管均为系统组成人员。各公司的预算管理委员会下设办公室，为常设机构，由财务负责人担任主任，管理会计为副主任。对于集团公司，整个系统的日常管理由财务总监总责；管理会计岗负责日常监控。重大干扰及其影响由管理会计负责评估，由财务负责人负责输入。

5. 日常应用

每个责任中心的主管都有预警系统计算机账号和密码，登录后会出现各自的警报台界面。警报台是由一系列反映该主管所负责的指标（关键绩效变量）的状态的信号灯组成，各主管的信号灯数目和内容是不同的。信号灯的颜色表示该指标的警报级别。点击某信号灯，则进入实时监测，一般用图形加文字表示实际与预算的比较，并且有向下查询的通道（仅限于其主管范围内的下级责任单位和指标）。

预警系统还具备完善的数据查询功能，查询通道提供了向下查询的路径。如销售主管能随时调出销售的有关数据，如某个时期最大的几笔收入、每个销售员的业绩等；财务总监可以查询即将到期债务表（按时间或按金额排列）、预计筹资及完成表、预计重大支出表（按时间或金额选定）、资本支出及现金缺口等信息。

6. 扩展应用

（1）扩展到其他业务系统，向全面的企业预警系统发展；

（2）如何通过多个短期的数据找到中长期的趋势，以达到短期预警、中期预警、长期预警的结合。

第七章 研究结论与展望

第一节 研究总结与主要创新点

一、研究总结

企业财务危机是一个前沿性研究课题。本书在研究方法上综合运用了控制论、系统论、非线性复杂科学、管理学、法学、哲学等多学科知识和系统建模、仿真等工程方法，以及定性与定量相结合的方法，特别强调系统科学的思维和方法。

（1）本书在分析总结企业理论、工业工程、企业工程、财务金融理论等先验知识的基础上，结合作者的专家经验，运用系统建模理论和方法，首先提出模型假设，然后建立了模型结构图并进行结构说明，包括企业的边界、企业的组成单元、企业的外部环境、正反馈、非线性环节、企业所受的主要价值力、参数一览表，最后构建了用微分方程组和差分方程组表达的企业基本价值流数学模型。企业基本价值流模型成为进一步理论分析和系统仿真的研究背景或者说是研究对象。

（2）运用理论推导和系统仿真两种科学方法研究企业财务危机机理。在理论推导方面，首先对财务危机进行了重新定义，然后运用系统科学的思维给出了财务危机的一般过程，最后将这个一般过程提炼为财务危机系统模型。该模型表明，企业发生财务危机是以下两个条件同时成立的综合结果：一是企业本身的财务抗冲击能力不够；二是企业环境的冲击（负向作用强于正向作用）。接着分别讨论各种内外价值力对企业财务危机形成与演化的作用和相应的传导模型、企业的财务鲁棒性及其决定因素、企业财务危机的临界条件及其决定因素。在系统仿真方面，本书采用 MATLAB 的 SIMULINK 交互式集成仿真平台，以 JX 钢管公司为例，建立了企业财务危机仿真模型，给出了系统状态变量的初始值和判断分析文件，然后进行仿真，最后是结果分析与局限性讨论。仿真过程为：首先确定参照系统；然后分别改变原材料价格、产品价格、管理费用、销售费用、原材料消耗、"人工"消耗、促销力度，仿真正向、负向作用以及临界点；其次仿真综合作用，包括实际市场下的综合作用、常规的财务危机自救措施、自救＋有限外援；最后仿真重组，包括实际的大规模重组、力度不足的重组，以及有效重组的注资额临界值。

（3）提炼企业财务危机的一般解释。在总结企业财务危机形成与演化的系统分析和企业财务危机仿真的研究成果后，本书分析了企业财务危机的"多因"性和究因的复杂性，得出了企业财务危机的基本特征，包括多因素耦合、正反馈、非线性、累积性、相对可逆、预不准、有限可控、内因为重、预防为主，提炼出了企业财务危机的"多因素耦合"观。

（4）探讨基于企业财务危机机理的预警管理。这是本书研究的应用和归宿、落脚点。在企业财务危机预警的依据方面，分析了财务比率对财务危机的预测能力及其局限性，给出了财务比率预测能力形成机理模型；在财务危机预警信息的性质方面，提出了财务预警信息精细化生成与发布的必要性、基本原则和基本要求；在企业财务预警管理系统方面，首先论述了构建面向企业内部的财务预警管理系统的必要性，接着探讨了构建原理和技术，包括构建思路、系统结构、模型及原理、技术要点、预控，最后讨论了运行方法，包括网络构建、预算关系导航图和预算期间、警级的设定、系统管理、日常应用、扩展应用。

总之，企业财务危机的机理可表述为：企业作为一个非线性复杂系统，它无时不承受着企业内外的各种各样的正向、负向价值力的作用，正向力改善企业的财务状况并增强企业的财务鲁棒性，负向力恶化企业的财务状况并削弱企业的财务鲁棒性，这些价值力相互交织、耦合在一起，共同决定了企业的财务状况和发展方向；由于企业的非线性，企业内在地存在财务临界点，在这一点上，企业价值力合力的负向强度达到了企业财务鲁棒性的大小，一旦超过这个点，企业将进入财务危机，并由于正反馈而陷入自我强化的恶性循环中，非实质性大规模重组难以摆脱；企业财务危机不是单向的，企业财务危机恶化的终极结果是企业破产、清算，但正向价值力（特别是有效的干预措施）能够改变企业财务状况的发展方向，使企业跳出恶性循环而呈现相对可逆的性质，这为企业财务危机的有限可控奠定了基础，当然，这也内在地决定了对企业财务危机的预测不可能完全准确。由于大多数企业财务危机是慢性财务危机，其根源在于企业自身存在系统缺陷，因此财务危机的预警管理应坚持"内因为重"的原则；同时，由于财务危机的恶性后果及摆脱的艰难，人们对待财务危机应坚持"预防为主"的方针，加强财务危机预警管理。这就是财务危机的多因素耦合观。

二、创新点

（1）构建了企业基本价值流模型。已经建立或正在完善的企业模型主要有产品模型、功能模型、组织模型、信息模型、资源模型、过程模型、知识模型等，在经济方面基本上只涉及投入产出函数和企业经济效益评价（主要为 ABC 计算法），基于状态方程全面系统描述企业价值流运动的模型此前暂未出现。企业基本价值流模型加深了人们对企业的理解，增强了人们对企业的认识能力，提高了人们对企业的预测、预警和干预控制能力和战略决策能力，为研究和驾驭企业这个复杂非线性系统开辟了新的道路。

（2）建立了企业财务危机仿真模型并成功实施了仿真。通过系统仿真，探索多因素对财务危机的综合作用及多种因素组合变化的影响，可以为财务危机预警管理提供指导，特别是结合企业参考模型的系统仿真，有可能为企业的风险决策、计划制订、预测预报、危机管理等开辟一条新的道路。

（3）给出了企业财务危机的一般解释。以前对企业陷入危机的解释停留在表层上的因素分析、原因归类、过程描述上，体现的是一种单向的、线性的思维，无法揭示企业这种复杂非线性系统的一般规律。而本书从机理上对企业财务危机的形成与演化进行了深入的探究，提炼出了企业财务危机的成因、特征和"多因素耦合"观。

（4）建立了企业内部财务预警管理系统的基本框架。现有企业财务危机预警研究存在许多误区，其中最突出的是没有区分企业内部和外部不同信息利用者的不同需求，建立的预警模型缺乏针对性。本书认为企业本身（一般）是企业财务危机的根源，针对企业本身的需求和特点，系统研究了企业内部财务预警管理系统的构建和运行框架。

第二节　研究展望

（1）扩展企业价值流模型。该企业基本价值流模型是建立在比较严格的假设条件之上的，为了真正达到实用化水平，还需要在两个方向上不断完善：① 放宽模型的假设条件，以适应更复杂的实际情况；② 建立标准的通用模块，并建立行业参考模型，以支持企业建模。

（2）扩展企业价值流仿真模型。仿真模型要真正达到实用化，则需要建立在企业的实际价值流模型或行业参考（价值流）模型的基础上，相应地要放宽仿真模型的条件和建立标准化的通用仿真模块。

（3）完善面向企业内部的财务预警管理系统。包括：如何与其他业务系统结合，开发全面的企业预警系统；如何通过多个短期的数据找到中长期的趋势，以达到短期预警、中期预警、长期预警的结合；如何利用信息技术，在企业中实际应用预警管理系统。

附　　录

附录 1　理想情况下销售递增公比 XZL 与
促销力度 USR 的数学关系

设第 $k-2$ 期的销售量为 Q，则 $k-1$ 期销售量为 $Q \times XZL$

现在考虑第 k 期，其生产量为 $FQ_0=[(1-a) \times Q + a \times Q \times XZL] \times USR$

其中 a 为平滑指数，$0 \leqslant a \leqslant 1$

本期可销售量 KXL＝本期生产量 FQ_0 ＋上期末库存 Q_1

本期实际销售量为本期可销售量 KXL 与促销量 $FQ_0 \times USR$ 中较小者。在 USR 大于 1 的情况下，销售量总大于或等于生产量，理想情况下库存总为零。于是本期实际销售量就等于本期生产量 FQ_0。

又，FQ_0 应该等于 $k-1$ 期销售量 $Q \times XZL$ 乘以销售递增公比 XZL。

于是 $Q \times XZL^2 = ((1-a) \times Q + a \times Q \times XZL) \times USR$

于是 $XZL^2 - a \times USR \times XZL - (1-a) \times USR=0$

可解得 $XZL = \dfrac{a \times USR + \sqrt{a^2 \times USR^2 + 4 \times (1-a) \times USR}}{2}$

（舍去了负数根）

显然，销售递增公比 XZL 是 USR 的单调递增函数。当 USR=1 时，XZL=1；

当采样周期取一个月，a=0.7，USR=1.007 时，

月递增公比 XZL=1.0054，年销售增长率＝$XZL^{12}-1 \approx 0.0668=6.68\%$

附录 2 供销子系统中的函数模块

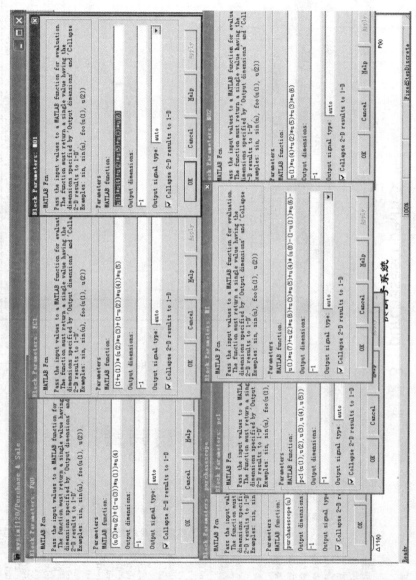

附录 3 purchasescope.m 文件

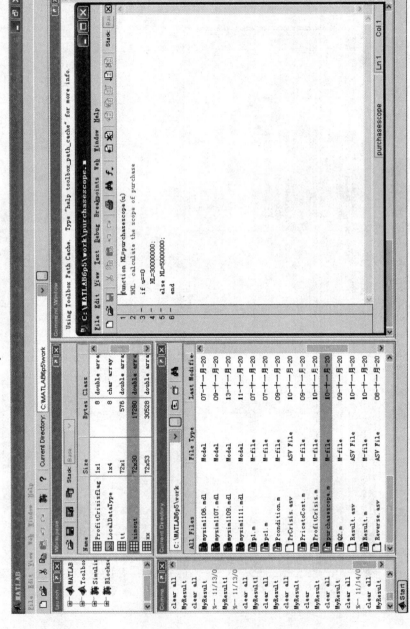

附录 4　pc1.m 文件

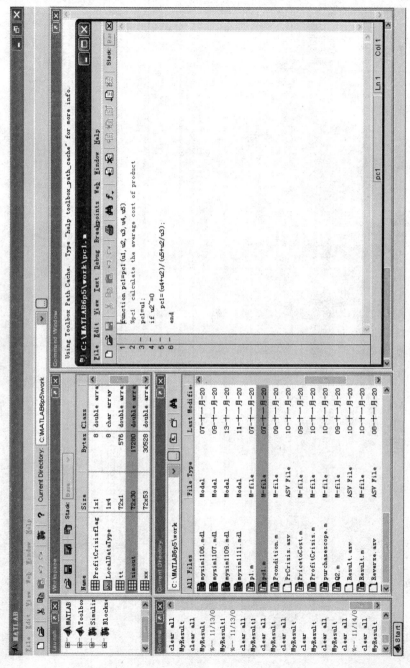

附录 5 生产子系统中的函数

附录 6　PricetoCost.m 文件

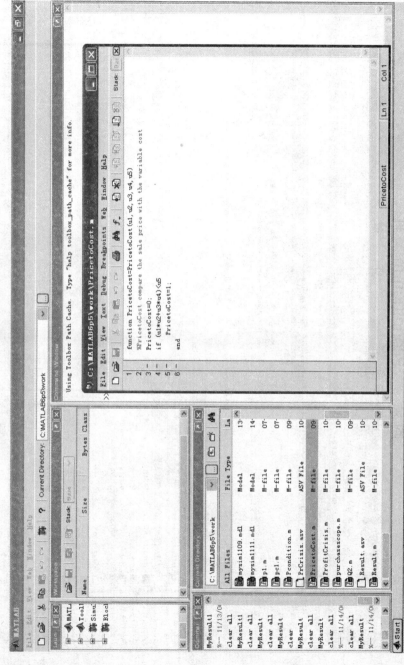

附录 7 Pcondition.m 文件

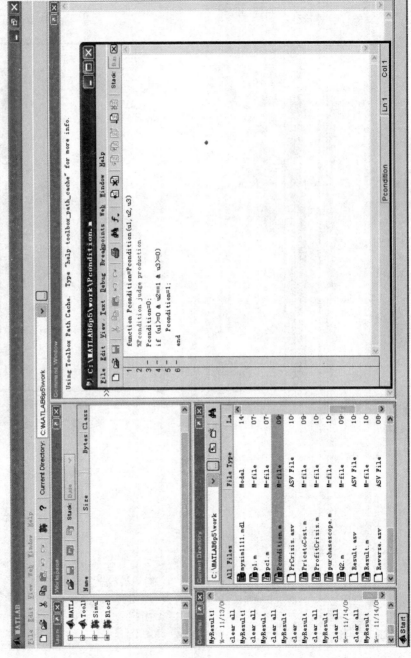

附录 8　p1.m 文件

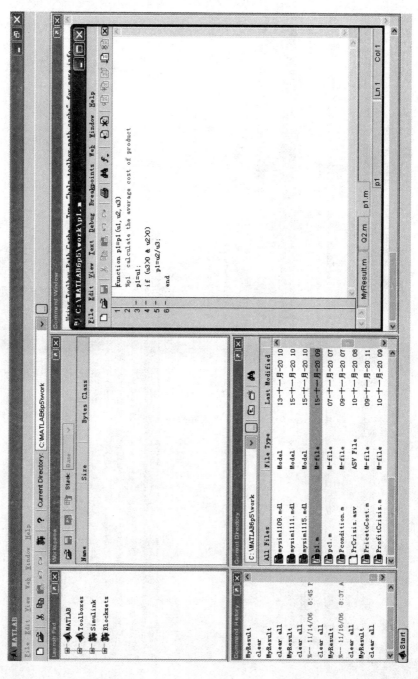

附录 9 Q2.m 文件

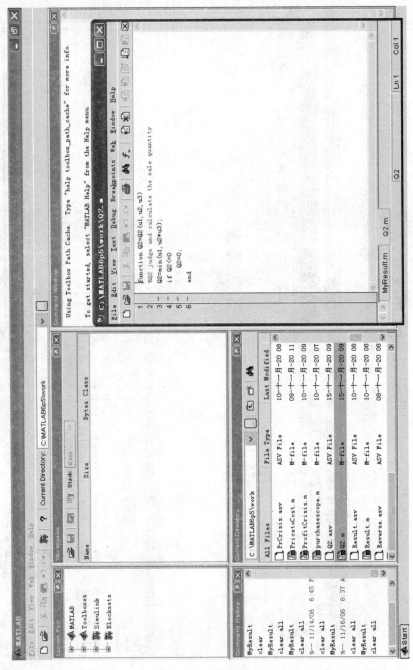

附录 10　Gains 中的函数模块

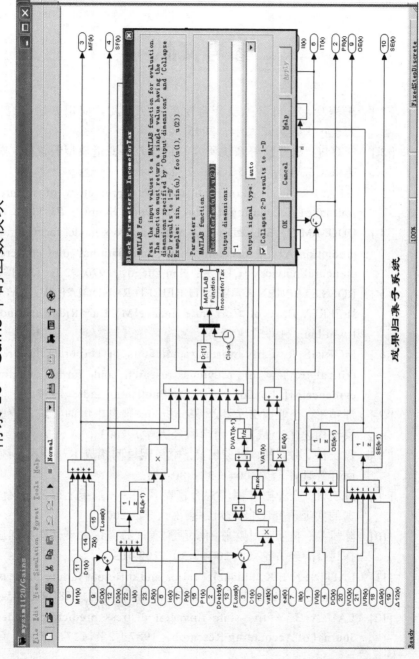

参考文献

［1］ 王满玲. 公司财务预警监控机理模型及其应用方法研究[D]. 大连：大连理工大学，2005.

［2］ 舒惠好. 财务预警系统研究：行业差异变量模型假说[J]. 财会通讯（综合），2005（8）：77-84.

［3］ BEAVER W H. Financial ratios as predictors of failure[J]. Journal of Accounting Research，1966（Suppl）：71-111.

［4］ ODOM M D，SHARDA R. A neural network model for bankruptcy prediction[A]. //Proceeding of the international joint conference on neural networks[C]. CA：San Diego，1990（2）：136-138.

［5］ ROSS STEPHEN A，WESTERFIELD RANDOLPH W，JAFFE，JEFFREY F，et al. Corporate finance[M]. Burr Ridge，Illinois：Irwin Inc.，1995：452.

［6］ MORRIS R. Early warning indicators of corporate failure：A critical review of previous research and further empirical evidence[M]. London：Ashgate Publishing Ltd.，1997.

［7］ 邢精平. 企业财务危机预警分析——来自中国的实践、检验与模型构建[D]. 成都：西南财经大学，2003.

［8］ 吕长江，韩慧博. 财务困境、财务困境间接成本与公司业绩[J]. 南开管理评论，2004（3）：80-85.

［9］ 陈凯凡. 企业财务困境混合模型预测——基于上市公司财务数据的实证研究[D]. 广州：暨南大学，2005.

［10］ 陈凯凡，陈英. 对财务困境预测实证研究标志事件选择问题的探讨[J]. 经济论坛，2004（3）：102-103.

［11］ LAITINEN E K. Financial ratios and different failure process[J]. Journal of Business Finance and Accounting，1991，18（9）：145-147.

［12］ LAU A H. A five-state financial distress prediction model[J]. Journal of Accounting Research，1987（2）：127-138.

[13] 赵智繁，王世民，曹倩. 基于数据挖掘的财务危机多分类预警研究[J]. 中国管理信息化，2016，19（11）：56-61.

[14] BAXTER N. Leverage，risk of ruin and the cost of capital[J]. Journal of Finance，1967，22（3）：395-403.

[15] WARNER JEROLD B. Bankruptcy costs：Some evidence[J]. Journal of Finance，1977，32（2）：337-347.

[16] ALTMAN E I. A further empirical investigation of the bankruptcy cost question[J]. The Journal of Finance，1984，39（4）：1067-1089.

[17] 殷尹，梁樑，吴成庆. 财务困境概率贝叶斯估计[J]. 系统工程理论方法应用，2004（1）：43-48.

[18] 王今，张俊. 预期财务危机成本的估算研究[J]. 财会月刊（综合），2005（5）：48-49.

[19] ANDRADE G，S N KAPLAN. How costly is financial（not economic）distress? Evidence from highly leveraged transactions that became distressed[J]. Journal of Finance，1998，53（5）：1443-1493.

[20] WRUCK K. Financial distress，reorganization and organizational efficiency[J]. Journal of Financial Economics，1990，27（2）：419-444.

[21] 杨淑娥，魏明. 企业财务危机成本形成机理及其间接成本的估量[J]. 当代经济科学，2005（1）：82-87.

[22] 万水林，张耀辉. 财务危机成本与资本结构决策[J]. 生产力研究，2004（3）：178-180.

[23] MODIGLIANI F，MILLER M H. The cost of capital，corporation finance and the theory of investment[J]. The American Economic Review，1958，48（3）：261-297.

[24] OPLER T C，TITMAN S. Financial distress and corporate performance[J]. Journal of Finance，1994，49（3）：1015-1040.

[25] JENSEN，MICHAEL C. The eclipse of the public corporation[J]. Harvard Business Review，1989，67（5）：61-74.

[26] HARRIS M，A RAVIV. Capital structure and the informational role of debt[J]. Journal of Finance，1990，45（2）：321-349.

[27] WHITAKER R B. The early stages of financial distress[J]. Journal of Economics and Finance, 1999, 23（2）: 123-133.

[28] 吴世农, 章之旺. 我国上市公司的财务困境成本及其影响因素分析[J]. 南开管理评论, 2005（3）: 101-105.

[29] 高建来, 梁润. 企业财务危机的演化机理研究[J]. 会计之友, 2015（19）: 68-71.

[30] 张友棠. 财务预警系统管理研究[M]. 北京: 中国人民大学出版社, 2004.

[31] 彭韶兵, 邢精平. 公司财务危机论[M]. 北京: 清华大学出版社, 2005.

[32] 李秉成. 企业财务困境形成过程研究[J]. 当代财经, 2004（1）: 109-112.

[33] ARGENTI J. Corporate collapse: The cause and symptoms[M]. New York: McGraw-Hill, 1976.

[34] SHARMA S, MAHAJAN V. Early warning indicators of business failure[J]. Journal of Marketing, 1980, 44（3）: 80-89.

[35] BLUM M. Failing company discriminant analysis[J]. Journal of Accounting Research, 1974, 12（1）: 1-25.

[36] SHLEIFER A, VISHNY R. A survey of corporate governance[J]. Journal of Finance, 1997, 52（2）: 737-783.

[37] 姜红珍, 张明燕. 关于企业财务失败现状及成因分析[J]. 财会通讯（学术）, 2005（4）: 43-46.

[38] 韩臻聪, 于丽萍. 上市公司财务危机成因分析[J]. 经济论坛, 2005（19）: 120-122.

[39] 李秉成, 梁慧, 刘芬芳. 上市公司财务困境"A记分法"预测模型研究[J]. 管理评论, 2005（9）: 15-20.

[40] 刘静, 程涛. 中外企业财务困境成因之比较研究[J]. 石家庄经济学院学报, 2005（4）: 168-170.

[41] FITZPATRICK P J. A comparison of ratios of successful industrial enterprises with those of failed firms[J]. Certified public Accountant, 1932（2）: 598-605, 656-662, 727-731.

[42] ALTMAN E I, HALDEMAN R G, NARAYANAN P. Zeta analysis: A new model to identify bankruptcy risk of corporations[J].

Journal of Banking and Finance，1977（1）：29-54.

[43] 卫建国，唐红. 奥特曼模型在我国上市公司财务预警中的应用研究[J]. 财会研究，2002（12）：34-37.

[44] 陶源. 中美上市公司 Z-score 财务危机预警模型比较研究[D]. 兰州：兰州财经大学，2015.

[45] 王宏炜. 我国上市公司财务困境预测模型比较研究[J]. 现代财经，2004（5）：57-60.

[46] 吕长江，周现华. 上市公司财务困境预测方法的比较研究[J]. 吉林大学社会科学学报，2005（6）：99-109.

[47] POTTIER S W. Life insurer financial distress，best's ratings and financial ratios[J]. Journal of Risk and Insurance，1998，65（2）：275-288.

[48] WARD T J. An empirical study of the incremental predictive ability of beaver's naive operating flow measure using four-state ordinal models of financial distress[J]. Journal of Business Finance & Accounting，1994，21（4）：547-561.

[49] 张祥，陈荣秋. 财务预警的模型分析[J]. 科技与管理，2003（5）：79-81.

[50] 吴世农，黄世忠. 企业破产的分析指标和预测模型[J]. 中国经济问题，1987（6）：8-16.

[51] 杨淑娥，徐伟刚. 上市公司财务预警模型——Y 分数模型的实证研究[J]. 中国软科学，2003（1）：56-60.

[52] 周首华，杨济华，王平. 论财务危机的预警分析——F 分数模式[J]. 会计研究，1996（8）：8-11.

[53] 孔庆洋，余妙志. 上市公司财务失败非线性预警模型[J]. 安徽师范大学学报（人文社会科学版），2004（3）：277-281.

[54] 刘国常，阮先桃. 上市公司财务困境预测模型的实证研究：比较与优化[J]. 工业技术经济，2004（4）：112-115.

[55] 陆富彬，薛跃，张金洪. 企业财务困境预测模型变量选择方法评析[J]. 现代管理科学，2004（9）：85-87.

[56] 田满文. 我国上市公司财务困境预测新探[J]. 统计教育，2005（3）：40-43.

[57] 张华,赵银德. 运用财务比率预测财务危机的模式与局限性[J]. 财会通讯（学术），2004（2）：36-38.

[58] 赵兴军. 对财务预警体系存在问题及改进的探讨[J]. 沿海企业与科技，2005（10）：61-85.

[59] 吴世珍. 论财务危机预警研究的两大难题[J]. 榆林学院学报，2005（2）：22-24.

[60] 章之旺. 现金流量在财务困境预测中的信息含量实证研究——来自 2003—2004 年度 ST 公司的新证据[J]. 中国管理科学，2004（6）：23-28.

[61] 徐炜. 基于投资者视角的上市公司财务危机预警研究[D]. 重庆：重庆大学，2015.

[62] 杨华. 利益相关者视角下财务危机预警体系构建——以制造业上市公司为例[J]. 财会通讯，2015（1）：49-51.

[63] 朱兆珍. 企业生命周期视角下财务危机预警研究[D]. 南京：东南大学，2016.

[64] 吴芃. 盈余管理视角下中国上市公司财务危机预警研究[M]. 南京：东南大学出版社，2013.

[65] 薛楠，殷尹，华武. 财务困境理论在我国的研究和应用[J]. 金融会计，2005（4）：4-8.

[66] 冼国明，刘晓鹏. 财务困境企业债务重组的博弈分析[J]. 中国工业经济，2003（10）：89-96.

[67] 吕长江，赵宇恒. ST 公司重组与业绩变化[M]. 天津：南开大学出版社，2004.

[68] 林琳. XC公司财务风险评价研究[D]. 西安：西安石油大学,2015.

[69] 卢亚迪. 经济波动、企业增长与振华重工财务危机——以希金斯可持续增长率为视角[J]. 新会计（月刊），2015（12）：37-42.

[70] 王梓熙. 基于企业生存因素理论的企业财务危机成因——以舜天船舶为例[J]. 中国管理信息化，2017（17）：14-15.

[71] 王君晖. 华锐风电财务危机成因与对策研究[D]. 贵阳：贵州财经大学，2015.

[72] 刘新雅. 绿城中国财务危机问题研究[D]. 长沙：湖南大学，2016.

[73] 王东. 天威保变新能源战略后财务危机的研究[J]. 商业经济，

2015（4）：125-126.

[74] 马广奇，张芹，邢战雷. 乐视资金链断裂：企业财务危机的案例分析[J]. 经济与管理，2017，31（5）：88-92.

[75] 吕焕其. 重泰集团财务风险预警研究[D]. 长沙：湖南大学，2016.

[76] 王璐. 龙净环保财务危机预警系统构建研究[D]. 兰州：兰州大学，2016.

[77] 迟小龙. 家族企业财务危机预警机制应用研究——以 T 钢铁有限公司为例[D]. 武汉：武汉工程大学，2015.

[78] 李娜. 湖南天一科技股份有限公司财务危机管理方案研究[D]. 长沙：湖南大学，2015.

[79] NAM J，JINN T. Bankruptcy prediction：Evidence from korean listed companies during the IMF crisis[J]. Journal of International Finance Management and Accounting，2000，11（3）：178-197.

[80] 王克明. 企业财务困境与金融脆弱性[J]. 东北财经大学学报，2004（2）：23-26.

[81] 牛瑞同，章之旺. 我国财务困境上市公司的财务行为研究[J]. 财经论坛，2005（3）：14-15.

[82] 黄国轩，范龙振. 财务困境中的企业投资行为分析[J]. 数理统计与管理，2003（A1）：96-99.

[83] 唐跃军. 上市公司审计、财务困境与会计师事务所更迭——基于 2000—2003 年上市公司数据的实证研究[J]. 财贸经济，2005（4）：24-32.

[84] 王淼，刘佳. 应对危机的财务管理新方式[J]. 工业技术经济，2003（3）：123-124.

[85] 韦燕燕. 企业危机转化的模型研究[D]. 广州：广东工业大学，2005.

[86] ALTMAN E I. Corporate financial distress[M]. New York：John Wiley，1993.

[87] LENNOX C. Identifying failing companies：A revaluation of the logit，probit and DA approaches[J]. Journal of Economics and Business，1999，51（4）：347-364.

[88] ZHANG GUOQIANG，MICHAEL Y H，PATUWO E，et al. Artificial neural networks in bankruptcy prediction：general

framework and cross-validation analysis[J]. European Journal of Operational Research，1999，116（1）：16-32.

[89] GINOGLOU D, AGORASTOS K, HAYZIGAGIOS T. Predicting corporate failure of problematic firms in Greece with LPM，logit，probit and discriminant analysis models[J]. Journal of Finance Management and Analysis，2002，15（1）：1-15.

[90]   TAM K Y，KIANG M. Managerial application of neural networks：The case of bank failure prediction[J]. Management Sciences，1992，38（1）：926～947.

[91] BARNET D K，ALSE J A. Predicting LDC debt rescheduling：Performance evaluation of OLS，logit，and neural network models[J]. Journal of Forecasting，2001，20（8）：603-615.

[92] 马克思，恩格斯. 马克思恩格斯选集：第 4 卷[M]. 中共中央马克思恩格斯列宁斯大林著作编译局，译. 北京：人民出版社，1972.

[93]   ROSS D T. Structured analysis（SA）：A language for communication ideas[J]. IEEE Transactions on Software Engineering，1977，3（1）：16-34.

[94] [美]罗斯，威斯特·菲尔德，杰富. 公司理财[M]. 6 版. 吴世农，沈艺峰，王志强，等，译. 北京：机械工业出版社，2003.

[95] 林勇，钟元生. 电子表格上的财务仿真模型[J]. 当代财经，1998（11）：46-48.

[96] ZHOU F，HAN L Y. A corporate failure prediction method based on Monte Carlo simulation technique[A]. Asia simulation conference/6th international conference on system simulation and scientific computing[C]. Beijing：INT ACAD PUBL BEIJING WORLD PUBL CORP，2005：1462-1466.

[97] 常立华，佘廉，吴国斌.面向企业内部的财务预警管理系统研究[J]. 软科学，2006（1）：117-122.